Cheryl R. Carter
Das kleine Anti-Chaos-Buch

Cheryl R. Carter

Das kleine Anti-Chaos-Buch

Hilfe für Kinder mit ADHS

Aus dem Amerikanischen
von Christian Hermes

Patmos Verlag

VERLAGSGRUPPE PATMOS

**PATMOS
ESCHBACH
GRÜNEWALD
THORBECKE
SCHWABEN**

Die Verlagsgruppe
mit Sinn für das Leben

MIX
Papier aus verantwortungsvollen Quellen
FSC® C006701

Für die Schwabenverlag AG ist Nachhaltigkeit ein wichtiger Maßstab ihres Handelns. Wir achten daher auf den Einsatz umweltschonender Ressourcen und Materialien. Dieses Buch wurde auf FSC®-zertifiziertem Papier gedruckt. FSC (Forest Stewardship Council®) ist eine nicht staatliche, gemeinnützige Organisation, die sich für eine ökologische und sozial verantwortliche Nutzung der Wälder unserer Erde einsetzt.

Bibliografische Information der Deutschen Nationalbibliothek
Die Deutsche Nationalbibliothek verzeichnet diese Publikation in der Deutschen Nationalbibliografie; detaillierte bibliografische Daten sind im Internet über http://dnb.d-nb.de abrufbar.

Alle Rechte vorbehalten
© der amerikanischen Originalfassung: Cheryl R. Carter 2011. This translation of Organize Your ADD/ADHD Child is published by arrangement with Jessica Kingsley Publishing Ltd.

© der deutschsprachigen Ausgabe: 2013 Patmos Verlag der Schwabenverlag AG, Ostfildern
www.patmos.de

Umschlaggestaltung: Finken & Bumiller, Stuttgart
Druck: CPI – Ebner & Spiegel, Ulm
Hergestellt in Deutschland
ISBN 978-3-8436-0432-1 (Print)
ISBN 978-3-8436-0453-6 (eBook)

Meinen Schülern gewidmet

Erklärung

Im vorliegenden Buch geht es nicht darum, die Aufmerksamkeitsdefizitstörung mit oder ohne Hyperaktivitätsstörung (ADS/ADHS) zu diagnostizieren oder zu behandeln oder gar zu beurteilen. Die Verfasserin und der Verlag gehen davon aus, dass Ärzte oder Pädagogen eine richtige Diagnose gestellt haben und der Leser aufgrund dieser bereits vorliegenden Diagnose nach weiterer Hilfestellung sucht. Dieses Buch behandelt ausschließlich Fragen zu den Problemen der Unorganisiertheit und den Schwierigkeiten im Umgang mit Zeit, wie sie im Zusammenhang mit ADS/ADHS typischerweise auftreten.

Es gibt drei Arten von ADHS: diejenige mit gestörter Aufmerksamkeit, die hyperaktiv-impulsive und eine Mischung von beidem. Die meisten Eltern sprechen von ADS, auch wenn sie ADHS meinen. Auch wenn ADHS die richtige medizinische Bezeichnung ist, wird in diesem Buch der Einfachheit halber der Begriff ADS als Bezeichnung für alle medizinischen Formen von ADHS verwendet. Bitte beachten Sie beim Lesen, dass »er« und »sie«, wenn von einem Kind mit ADS die Rede ist, im ganzen Buch austauschbar gebraucht werden.

Inhalt

Einleitung 9

1. Kapitel
Spaß muss sein, aber Entschiedenheit auch 17

2. Kapitel
Berücksichtigung individueller Interessen 27

3. Kapitel
Stellen Sie Regeln auf und schaffen Sie Routinen 37

4. Kapitel
Drücken Sie sich einfach und konkret aus 45

5. Kapitel
Machen Sie Zeit und Übergänge zum Thema 53

6. Kapitel
Kümmern Sie sich um den schulischen Erfolg Ihres
Kindes 61

7. Kapitel
Eine ordentliche Umgebung –
Nehmen Sie das Zimmer Ihres Kindes in Angriff 69

8. Kapitel
Der Weg zur Eigenständigkeit 79

9. Kapitel
Haushaltsführung 87

10. Kapitel
Fragen zu ADS und ADHS 93

11. Kapitel
Hilfreiche Tipps 107

Einleitung

Schluss mit verlegten Hausaufgaben

Fangen wir an. Hat Ihr Kind seine Hausaufgaben schon wieder verlegt? Sie haben genau gesehen, dass es sie erledigt hat, und Sie haben ihm gesagt, dass es sie in seine Schultasche stecken soll. Wo sind sie also? Das ist nicht das erste Mal. Sie haben schon alles versucht – Strafen angedroht, Vergünstigungen entzogen, Vergünstigungen gewährt, nichts scheint zu helfen. Sie wissen, dass es schwierig ist, den Alltag von Kindern mit ADS zu ordnen, aber so kann es nicht weitergehen. Sie brauchen Unterstützung. Traditionelle Erziehungsmethoden scheinen bei Ihrem Kind nicht zu wirken. Kindern mit ADS fällt es generell schwer, sich auf eine Aufgabe zu konzentrieren. Außerdem sind sie dafür bekannt, impulsiv zu sein, leicht ablenkbar, vergesslich und ständig unorganisiert.

ADS ist weitaus vielschichtiger als diese Symptome, aber der Zweck dieses Buchs besteht darin, gerade diese für ADS typischen Symptome der Unordentlichkeit, Vergesslichkeit und Ablenkbarkeit zu thematisieren. Im Allgemeinen werde ich von ADS sprechen, die in diesem Buch beschriebenen Erkenntnisse und Empfehlungen treffen aber genauso auf Kinder mit ADHS zu.

Ich habe entdeckt, dass die meisten Kinder sich leicht zur Ordnung anhalten lassen, wenn man sich an fünf Prinzipien hält: Spaß sollte dabei sein, die Kinder sollten als Individuen gewürdigt und von Regeln geleitet werden, der Ablauf sollte einfach gehalten sein und den Kindern sollten die Hauptgrundsätze des Umgangs mit der Zeit vermittelt werden. Spaß, Individualismus, Regeln, Einfachheit und Zeiteinteilung liefern den Schlüssel dafür, Kinder an Ordnung heranzuführen. Alle diese Elemente stützen sich auf Erkenntnisse sowohl über die kindliche Entwicklung als auch die menschliche Natur und lassen sich leicht auf Kinder mit ADS übertragen.

Die fünf Prinzipien bilden das Fundament, das ich für Kinder mit ADS noch um einen wichtigen Punkt ergänzt habe. Für solche Kinder muss der Spaß mit Entschiedenheit gekoppelt werden, Individualität mit Betonung auch Ihrer eigenen Interessen als Eltern, Regeln mit einer festen Routine, Einfachheit mit genauen Angaben und der Umgang mit Zeit mit einem Verständnis für Übergänge von einer Tätigkeit zu einer anderen. Jeden dieser Schritte werde ich im Laufe des Buches im Detail erörtern.

Die fünf Prinzipien funktionieren gut, wenn wir uns beim Ordnen der Dinge bewusst von ihnen leiten lassen, denn sie sprechen die entscheidenden Fragen der kindlichen Entwicklung an. Alle Kinder möchten Spaß haben, als Individuen anerkannt werden, verlangen nach der Sicherheit fester Strukturen und Regeln, sind darauf angewiesen, dass auf ihrem Niveau mit ihnen geredet wird, nämlich so einfach, dass sie es verstehen, und schließlich und endlich müssen sie ein Zeitbewusstsein entwickeln.

Bevor wir uns in die praktische Anwendung der fünf Prinzipien vertiefen, sollte ein Fundament für das Training der Kinder gelegt werden. Einige ADS-Kinder müssen vielleicht mit Nachdruck durch die fünf Schritte geführt werden. Es könnte zum Beispiel sein, dass ADS-Kinder Ihre Begleitung im ersten Schritt so sehr schätzen, dass sie sich dagegen sträuben, eine Fertigkeit selbstständig zu erwerben und dann zum nächsten Schritt überzugehen. Unter Umständen müssen Sie, damit Ihr Kind eine Tätigkeit selbstständig lernt, darauf bestehen, dass es zum nächsten Schritt übergeht, selbst wenn es sich anfangs dagegen sträubt.

Der nachfolgende Absatz beschreibt aufeinanderfolgende Schritte, mit deren Hilfe es Ihnen gelingen kann, Ihre Kinder für verschiedene Tätigkeiten, besonders für Aufgaben im Haushalt, anzuleiten. Die Abfolge der Schritte ist hier am Beispiel des Bettenmachens erklärt, lässt sich aber auf viele andere Tätigkeiten übertragen.

1. Schritt – Machen Sie es vor

Das ist der grundlegendste Schritt. Lassen Sie Ihr Kind häufiger dabei zuschauen, wenn Sie eine Arbeit erledigen. Kleinkinder tun dies von Natur aus – beobachten Sie einmal, wie sie in ihren Spielen nachmachen, was sie im wirklichen Leben sehen. Wenn Sie zum Beispiel möchten, dass Ihr Kind sein Bett macht, lassen Sie es mehrmals zusehen, wie Sie die Betten machen. Erzählen Sie ihm, während es zuschaut, was man Schritt für Schritt beim Bettenmachen tut. Um die Aufmerksamkeit Ihres Kindes zu fesseln, halten Sie es zur aktiven Nachahmung an. Sie können ihm zum Beispiel vorschlagen, zu üben, wie man Falten des Bettlakens glattstreicht, indem es seine Hände durch die Luft schwenkt und pantomimisch die Bewegung nachahmt, die auch Sie beim Glätten des Lakens machen. Ausschlaggebend ist, dass die Kinder noch etwas anderes tun, als Ihnen bloß zuzuschauen. Viele ADS-Kinder müssen sich bewegen, um bei der Sache zu bleiben. Wenn Sie ein ADS-Kind zwingen, ganz still zu sein, könnte es geschehen, dass es sich so sehr auf das Stillsein konzentriert, dass ihm alles andere, was Sie sagen, entgeht. Ältere Kinder finden es möglicherweise dumm, eine Pantomime aufzuführen, dann können Sie immer noch alle für die Erfüllung der Aufgabe notwendigen Schritte gestisch verdeutlichen oder laut vorsagen.

2. Schritt – Machen Sie mit

Im nächsten Schritt kann Ihnen Ihr Kind dabei helfen, wenn Sie sein Bett machen. Achten Sie darauf, was Ihr Kind dabei noch nicht richtig macht, sprechen Sie dies an und korrigieren Sie seine Handlungen wohlwollend. Lassen Sie sich Zeit mit diesem Schritt. Ihr Kind sollte Ihnen mehrmals beim Bettenmachen helfen und dabei allmählich mehr Verantwortung für die Tätigkeit übernehmen, bis es die Arbeit selbst erledigt.

Setzen Sie Ihr Kind nicht dadurch unter Druck, dass Sie Perfektion erwarten. Eine gut erledigte Arbeit muss nicht genauso ausschauen, als hätten Sie sie selbst getan. Begnügen Sie sich damit, dass es einigermaßen ordentlich aussieht. Bei diesem Schritt sollten Sie sich mit Ihrem ADS-Kind genügend Zeit lassen, aber achten Sie darauf, dass sich Ihr Kind nicht zu sehr auf Sie verlässt. Ermuntern Sie es, Eigeninitiative zu entwickeln.

3. Schritt – Überwachen Sie das Tun Ihres Kindes

Der dritte Schritt besteht darin, Ihr Kind zu beobachten, während es sein Bett macht. Wenn ihm das Bettenmachen (die Erfüllung der Aufgabe) immer noch schwerfällt, eilen Sie ihm nicht sofort zu Hilfe. Fragen Sie es stattdessen, was der nächste Schritt ist. In diesem Stadium sollten Sie Ihr Kind verbal anleiten und korrigieren. Sobald Sie sich davon überzeugt haben, dass Ihr Kind diesen Schritt erfolgreich durchlaufen hat, können Sie beruhigt zum nächsten übergehen.

ADS-Kinder brauchen sehr viel unmittelbare Bestätigung und klare Anleitungen. Möglicherweise müssen Sie Ihr Kind etwas länger anleiten und mehr für schon gelingende Tätigkeiten loben, da es mehr als andere Kinder auf positive Rückmeldungen angewiesen ist.

4. Schritt – Übertragen Sie Aufgaben

Nachdem Ihr Kind das Bettenmachen (die Aufgabe) beherrscht, übertragen Sie ihm diese Arbeit. Übertragen kann bedeuten, dass Sie diese Tätigkeit auf seine Aufgabenliste setzen oder, wenn es sich um ein älteres Kind handelt, einen Vertrag abschließen.

Wenn Sie Ihrem Kind die Aufgabe offiziell übertragen, dann achten Sie darauf, es zu loben und zu betonen, wie begeistert Sie darüber sind, dass es so gut in diese Aufgabe hineingewachsen ist und wie gut es sie alleine erledigt. Wenn möglich lassen Sie das Kind mithören, wie Sie mit Ihrem Partner, Ihrer Mutter oder einem Nachbarn darüber reden, wie verantwortungsbewusst es doch ist und dass es gerade eine weitere Aufgabe zugeteilt bekommen hat.

5. Schritt – Kontrolle

Der fünfte Schritt erscheint vielleicht auf den ersten Blick unnötig, aber es ist sehr hilfreich, wenn Sie sich ab und zu anschauen, wie Ihr Kind die neue Arbeit erledigt, und es dann ausführlich bestätigen und loben. ADS-Kinder müssen wirklich wissen, dass Sie ihrem Tun Aufmerksamkeit schenken. Sie möchten von sich aus Ihr Gefallen finden und brauchen eine Rückmeldung. Führen Sie häufiger spontane Kontrollen durch. Das hält die Kinder auf Trab und erspart Ihnen die lästige Aufgabe, täglich nachzusehen. Generell sollten Sie ADS-Kinder wissen lassen, dass Sie mindestens einmal die Woche nachsehen werden, ob sie ihre Aufgaben erledigt haben. Sie brauchen eine klare Frist, die ihnen Struktur gibt.

Diese fünf Schritte sind grundlegend. Es wird eine gewisse Zeit brauchen, aber letztendlich wird Ihr Kind sich bestätigt fühlen und Spaß daran haben, seinen Teil zum Funktionieren des Familienhaushaltes beizutragen.

Weitere Tipps

- Wenn Sie sich Ihrem Kind gegenüber wiederholen müssen, so tun Sie es immer auf eine andere Weise. Spielen Sie beispielsweise das Flüsterspiel, indem Sie Ihre Aufforderungen flüstern. Ihr Kind wird sich dann auf das Flüstern konzentrieren und Ihnen zuhören.
- Versuchen Sie, so gut es geht, Ihre Aufforderungen in einer ruhigen Umgebung zu äußern. Sagen Sie nicht: »Das habe ich dir doch schon einmal gesagt«, denn sehr wahrscheinlich hat das Kind Sie nicht gehört. Sagen Sie es einfach noch einmal und das in einem ganz normalen Tonfall.
- Nachdem Ihr Kind einen Teil seiner Aufgabe beendet hat, fordern Sie es zum Beispiel auf, so viele Hampelmänner wie möglich in zwei Minuten zu machen. Es braucht Bewegung, und die Bewegung ermöglicht es ihm auch, sich dann wieder auf die nächste Aufgabe zu konzentrieren.
- Ihr Kind wird mit Aufgaben, die nicht viel Zeit in Anspruch nehmen, besser zurechtkommen als mit sehr zeitintensiven Aufgaben. Versuchen Sie daher, ihm zunächst

Aufgaben zu stellen, die es in ein paar Minuten erledigen kann. Wenn es die kürzeren beherrscht, können Sie ihm auch etwas längere Aufgaben geben.

1. Kapitel
Spaß muss sein, aber Entschiedenheit auch

Unser Fünf-Prinzipien-Ansatz beginnt damit, dass wir Ordnunghalten mit Spaß verbinden. Kinder fühlen sich ebenso wie wir vom Lustvollen angezogen. Und lästige Arbeiten fallen, wenn sie mit einem Spaßelement kombiniert sind, jedem Kind viel leichter. Clevere Eltern werden daher jede lästige Aufgabe mit einer Belohnung verknüpfen. Arbeit ist Spaß; es ist alles eine Frage der Wahrnehmung. *Tom Sawyer* zum Beispiel brachte seine Freunde mit einem Trick dazu, einen Zaun zu streichen. Er machte ihnen das Streichen des Zauns so schmackhaft, dass sie ihn lieber bei dieser Arbeit unterstützen wollten, als schwimmen zu gehen. Tom veränderte einfach ihre Wahrnehmung von Arbeit.

Spaß setzt Kinder in Bewegung. Er motiviert Kinder. ADS-Kinder brauchen zudem noch feste Grenzen. Wegen ihrer Impulsivität muss ihre Aufmerksamkeit, gerade wenn sie Spaß haben, aktiv gelenkt werden. Für sie ist es sehr wichtig, dass Spaß und feste Grenzen in ein Gleichgewicht gebracht werden.

Feste Grenzen bedeuten aber nicht Härte. Ganz im Gegenteil: Es bedeutet lediglich, dass Spaß nicht in Chaos mündet. ADS-Kinder neigen zur Aufgedrehtheit oder erleben in sozialen Situationen, in denen wenig Kontrolle herrscht, eine starke emotionale Erregung. Selbst ein nettes Geburtstagsfest, bei dem es wenig Aufsicht gibt, kann für das impulsive ADS-Kind zur Katastrophe werden. Bei einigen Kindern steigert zielloses Herumgerenne nur die Hyperaktivität. Für ADS-Kinder ist es am besten, wenn körperliche Aktivität mit einem Zweck verbunden ist. Der Spaß muss im Rahmen fester Leitlinien stattfinden.

Lustvolle Tätigkeiten sind für Kinder mit ADS nicht nur allgemein wohltuend. Die dabei ausgeschütteten Endorphine helfen dabei, gedrückte Stimmungen und Ängstlichkeit zu überwinden. Denn dies sind häufige Begleiterscheinungen von ADS. Wenn wir die täglichen Aufgaben mit Spaß verbinden, helfen wir unseren Kindern, eine emotionale Stabilität zu finden, und wir erleichtern es ihnen zugleich, Ordnung ins Leben zu bringen. ADS-Kinder haben außerdem eine niedrige Toleranzschwelle für langweilige Tätigkeiten. Wenn wir ihre Arbeit mit Spaß verbinden, sorgen wir nicht nur für die nötige Motivation, wir müssen sie auch weniger oft zur Erledigung ihrer Pflichten mahnen. Spaß trägt auch dazu bei, dass Kinder richtige Gewohnheiten ausbilden, denn diese entstehen durch Wiederholung. Wir wiederholen automatisch das Vergnügliche.

Alles lässt sich in Spaß verwandeln. Zu Anfang können Sie sich die Phantasie Ihres Kindes zunutze machen. Dank ihrer Phantasie sind Kinder fähig, aus fast jeder Aufgabe ein lustvolles Spiel zu gestalten. Meine achtjährige Tochter hat mir mal erzählt, sie liebe es, Dinge an ihren Ort zurückzubringen, also aufzuräumen, indem sie so tut, als leite sie ihren eigenen Lieferservice, der bestellte Dinge an den richtigen Ort bringt. Eine Aufgabe, die sie normalerweise nur nach Kämpfen erledigt, tut sie bereitwillig, wenn sie »Lieferdienst« spielt.

Ziehen Sie Nutzen aus der lebhaften Phantasie Ihres Kindes, sorgen Sie aber dafür, dass es bestimmte Grenzen gibt. Finden Sie mit Ihrem Kind heraus, welche häuslichen Pflichten sich in ein Rollenspiel verwandeln lassen. Greifen Sie eine Aufgabe heraus, etwa den Boden zu kehren, und fragen Sie es, was es sich beim Kehren vorstellt. Das Kind könnte zum Beispiel sagen, eine Wand anmalen oder einen Elefanten säubern. Greifen Sie die Vorstellung auf und kritisieren Sie keinesfalls die phantastischen Vorstellungen Ihres Kindes. Was in Ihren Ohren verrückt klingt, kann für Ihr Kind motivierend sein. Spielen Sie bei der »Verrücktheit« Ihres Kindes mit und schreiben Sie auf seine Aufgabenliste »den Elefanten säubern«. Wenn Ihr Kind vergisst, einen Teil des Bodens zu kehren, könnten Sie sogar sagen: »Ich sehe da noch einen Fleck am Schwanz des Elefanten.« So bleiben die Aufgaben spaßig und locker.

Das Schlüsselwort ist Spaß. Setzen Sie sich hin und denken Sie sich gemeinsam aus, wie man eine Arbeit mit mehr Freude gestalten kann. Um zu verhindern, dass Ihr Kind spontan die vereinbarte Rolle wechselt, besorgen Sie ihm Kleidungsstücke, welche die Rolle beziehungsweise die Aufgabe unterstreichen. Geben Sie ihm zum Beispiel eine alte

Kappe oder einen Kittel, damit es jemanden vom Lieferservice spielen kann. Im Internet oder in Secondhandläden lässt sich fast alles finden. Sollte das zu lange dauern, basteln Sie eine Kappe aus Pappe oder schreiben Sie »Lieferdienst« auf einen alten Hut.

Wenn Sie Ihren Kindern zum ersten Mal diese Aufgabe übertragen, folgen Sie ihnen durchs Haus oder überprüfen Sie, was sie von einem Ort zum anderen »liefern«. Machen Sie deutlich, dass die Kinder nur die Sachen einzusammeln haben, die nicht an ihrem Platz sind. Diese Gegenstände können in eine Kiste für Verlorenes und Wiedergefundenes gelegt werden, aus der die Familienmitglieder sie wieder an sich nehmen können, vielleicht sogar gegen eine Gebühr, die dann zum Beispiel für gemeinsame Unternehmungen verwendet werden kann. Jede Arbeit lässt sich in ein Spiel verwandeln, indem Sie eine Uhr stellen. Mit Hilfe der Uhr können Kinder bei der Erledigung einer Arbeit ein Wettrennen mit der Zeit veranstalten. Stellen Sie die Uhr und lassen Sie Ihr Kind spielen, dass es gegen die Uhr gewinnt. Geschwister sollten allerdings nicht gegeneinander im Spiel mit der Uhr antreten. Damit würde nur die geschwisterliche Rivalität gefördert. In der Arbeit mit ADS-Kindern funktioniert eine analoge Uhr, auf der die Kinder sehen können, wie die Zeit verstreicht, am besten. Siehe dazu meine Liste der nützlichen Hilfsmittel am Ende des Buches. Sehen zu können, wie die Zeit vergeht, hilft dem Kind, die Arbeit richtig einzuteilen. Auch das Ticken des Sekundenzeigers macht dem Kind klar, dass die Zeit tatsächlich verrinnt. So entsteht ein Zeitbewusstsein.

ADS-Kinder hassen alles, was langweilig ist. Halten Sie sie also auf Trab. Ständige Bewegung ist angezeigt. Vorschulkinder singen gern, wenn sie ihre Spielsachen wegräumen. Sie können auf die Melodie bekannter Kinderlieder Verse dichten, die beim Aufräumen gesungen werden können. Die Bewegung und die Musik werden die Tätigkeit und den Ablauf unterstützen. Ältere Kinder finden es vergnüglich, zu ihrer Lieblingsmusik aufzuräumen. Auch daraus lässt sich ein Spiel machen: Wie viele Lieder kann Ihr Kind auf seinem MP3-Player abspielen, bevor sein Zimmer sauber ist. Ältere Kinder tanzen vielleicht gern, während sie ihr Zimmer aufräumen. Aber seien Sie hier strikt. Die Bewegung sollte zweckvoll und nicht ziellos sein. Einige Eltern befürchten, eine Arbeit würde nachlässig erledigt werden, weil ihre Kinder beim Aufräumen eine Uhr verwenden oder zur Musik herumtanzen. Diese Sorge ist aber unbegründet. Musik oder Uhr sollen nur eingesetzt werden, um die Arbeit weniger langweilig zu machen. Allerdings ist es gut, diese Mittel erst dann einzusetzen, wenn Ihr Kind die Aufgabe bereits einigermaßen routiniert beherrscht. ADS-Kinder müssen unter Umständen nach einer Liste vorgehen, vor allem wenn sie gleichzeitig Musik hören oder tanzen und sauber machen. Die Aufgabe sollte gut und nicht einfach nur schnell erledigt werden. Wenn Ihr Kind schlampig arbeitet, geben Sie ihm dafür mehr Zeit, und lassen Sie es wissen, dass es auf Ordentlichkeit ankommt. Wenn nötig, lassen Sie es eine nachlässige Arbeit noch einmal tun, so lange, bis sie richtig ausgeführt wurde. Die Wiederholung darf keine Strafe sein. Auch hier kann man es vergnüglich gestalten, etwa durch die Frage: »Wie schnell kannst du deine Fehler berichtigen?« Eine andere Idee funktioniert recht gut bei ADS-Kindern, die mehr auf das Ganze und weniger auf die Einzelheiten schauen: Stellen Sie die Uhr, aber diesmal ist die Aufgabe, die Arbeit so langsam wie möglich zu machen. So ist Ihr Kind genötigt, sich Zeit zu lassen und auf die Details zu achten.

Es gibt keine Haushaltspflicht, die sich nicht in ein Spiel verwandeln ließe. Besonders beliebt in großen Familien ist die »Aufgabenlotterie«. Zunächst muss man für das Spiel die Aufgaben für die kommende Woche auf Karteikarten schreiben und ihnen eine Punktzahl geben, je nachdem wie schwer oder mühselig die Arbeit für die Kinder ist. Die Spülmaschine füllen ergibt beispielsweise mehr Punkte als den Goldfisch füttern. Einmal die Woche ziehen Ihre Kinder Kärtchen, um zu erfahren, welche Aufgaben sie in der nächsten Woche zu erledigen haben. Ermuntern Sie Ihre Kinder dazu, sich untereinander kameradschaftlich und hilfsbereit zu verhalten, indem Sie Extrapunkte vergeben, wenn ältere die jüngeren bei einer schweren oder langweiligen Arbeit unterstützen. Das Kind, das am Ende der Woche die meisten Punkte hat, erhält einen Preis.

Um sicherzustellen, dass Ihr ADS-Kind seinen Geschwistern keine Karten wegschnappt, müssen Sie strikte Grenzen ziehen. Wenn es seine Geschwister schubst, anstatt zu warten, bis es an der Reihe ist, seine Karten zu ziehen, könnten Sie ihm zum Beispiel Punkte von seinem Endergebnis abziehen.

ADS-Kinder haben in der Regel auch eine niedrige Frustrationsschwelle. Nur indem Sie die Zeit verlängern, die Ihr Kind zu warten hat, lässt sich seine Frustrationstoleranz nach und nach aufbauen. Wenn möglich drücken Sie ihm etwas Harmloses in die Hand, mit dem es während der Wartezeit herumspielen kann. Pfeifenreiniger, kleine Kuscheltiere oder Handtrainer aus Kunststoff eignen sich gut zur Ablenkung der Kinder, während sie darauf warten, dass sie an der Reihe sind.

Loben Sie Ihr Kind überschwänglich für sein Warten. Sie könnten Ihr Kind auch darauf hinweisen, wie viele Minuten es gewartet hat, und es mit einer Umarmung oder einem Lob belohnen. Unseren Kindern jedes Mal, wenn sie ein Ziel erreichen, eine materielle Belohnung zu geben, ist nicht sehr sinnvoll. Auf die Dauer fördert das nur eine Leistungsfixiertheit. Stattdessen könnten Sie Ihr Kind auch fragen, ob es nicht ein gutes Gefühl ist, dass es so lange hat warten können, bis es an der Reihe war. Betonen Sie, wie geduldig es ist, denn jetzt sei es schon in der Lage, ganze zwei Minuten zu warten, bis es in den Topf greifen darf. Das trägt dazu bei, dass das Kind sich selbst als erfolgreich betrachtet. Wenn Sie die genaue Wartezeit angeben, wird Ihr Kind automatisch ermuntert, nach und nach seine Wartezeit zu verlängern oder seine Frustrationsschwelle zu erhöhen. Die Selbstwahrnehmung ist für Kinder sehr wichtig. Ein Kind, das sich selbst als erfolgreich erlebt, wird sich mehr anstrengen. Allgemein gesagt: Wir werden das, wofür wir uns halten. Die Wahrnehmung ist eine mächtige Triebfeder. Wenn wir uns generell bejahen, erhalten wir positive Ergebnisse. Dabei können Sie Ihr Kind unterstützen. Auch auf negative Aussagen Ihres Kindes können Sie am besten in einer entspannten Atmosphäre eingehen und auch hier eine spielerische Lösung finden. Hören Sie sich an, warum Ihr Kind eine bestimmte

Aufgabe nicht erledigen will. Wenn Ihr Kind zum Beispiel Staubputzen nicht mag, ersetzen Sie den alten Staubmopp einfach durch einen Flederwisch, der bunt und flauschig ist und mit dem man herrlich herumwedeln kann. Welches Kind kann dem schon widerstehen? Ein simpler Ersatz wirkt oft Wunder.

Denken Sie immer daran, ganz genau zu sagen, was getan werden muss, um den Raum sauber und ordentlich zu hinterlassen. Später werden wir erörtern, dass Kinder darauf angewiesen sind, ganz genau zu wissen, was von ihnen erwartet wird. Deshalb ist es gut, wenn Sie Ihre Erwartungen entschieden äußern und daran festhalten. Versprechen Sie eine Belohnung, wenn die Arbeit ausgeführt worden ist. Sie könnten Ihr Kind auch zur Hauptreinigungskraft der Familie ernennen. Natürlich wieder auf eine spielerische Art. Fordern Sie es auf, Ihnen zu berichten, ob alle ihre Arbeiten erledigt haben. Außerdem muss es jeden unterstützen, da es der Hauptverantwortliche ist. Das ist eine hervorragende Gelegenheit, Ihrem Kind etwas über das Verhältnis von Vorgesetzten und Untergebenen beizubringen und seine soziale Kompetenz zu fördern. Ein guter Vorgesetzter ist immer dazu bereit, selbst zu tun, was er von seinen Untergebenen verlangt. Darüber hinaus versetzt es Ihr Kind in die begehrte Position von jemandem, der zu sagen hat, wo es langgeht. Das ist eine Aufgabe, die die ADS-Kinder normalerweise nicht häufig einnehmen.

Der Spaß sollte niemals über die zu erledigende Arbeit gestellt werden. Aber gehen Sie nie davon aus, dass einige Dinge einfach erledigt werden müssen, ohne dass es Spaß macht. Sogar das morgendliche Aufwachen kann lustvoll sein. Vergleichen Sie dazu auf der Liste nützlicher Hilfsmittel den Eintrag »Wecker«. Warme Pfannkuchen bringen selbst das trödeligste Kind dazu, morgens aufzustehen. Natürlich müssen Sie Ihrem Kind klarmachen, dass es nur dann Pfannkuchen gibt, wenn es innerhalb einer festgesetzten Zeit am Frühstückstisch sitzt. Und bei dieser Regel sollten Sie auch bleiben. Sonst nützt der Spaßfaktor nichts.

Selbst lästige Arbeiten werden lustig, wenn man sie zusammen erledigt. Fordern Sie Ihr Kind auf, bei Arbeiten mitzuhelfen. Geben Sie immer nur eine Aufgabe auf einmal, damit Sie Ihr ADS-Kind nicht überfordern. Sollten Sie nicht recht wissen, wie man etwas spaßig gestaltet, versprechen Sie eine Belohnung, wenn die Arbeit beendet ist. Zeitintensive und jahreszeitlichbedingte Arbeiten wie das Ausmisten des Kellers oder Rasenmähen sollten Sie nur stufenweise belohnen und die dickste Belohnung für die vollständige Erledigung der Arbeit aufheben.

Spaß ist eine mächtige Triebfeder und wird er mit Entschiedenheit kombiniert, kann er Ihr Kind tatsächlich dazu veranlassen, Arbeit lieben zu lernen und neue Gewohnheiten zu entwickeln.

Spaß bewegt Ihr Kind nicht nur dazu, Haushaltspflichten zu erledigen, er hilft auch dabei, dass es eine gute Hygieneroutine entwickelt. Morgendliche Hygienetätigkeiten wie das Waschen des Gesichts und Zähneputzen lassen sich auch mit einer Belohnung verbinden. Außerdem können Sie eine Uhr einsetzen, damit das Kind sich eine bestimmte Zeit lang auf die Aufgabe konzentriert.

Weitere Tipps

- Stellen Sie einen Karton für alle Gegenstände auf, die nicht an ihrem Platz sind. Für jedes Teil, das Kinder aus dem Karton nehmen, müssen sie etwas bezahlen oder eine Extraaufgabe erledigen. Familienmitglieder sollten nur zu einer bestimmten Zeit einmal die Woche Gegenstände aus der Kiste holen dürfen. So werden Sie nicht ständig damit belästigt.
- Wenn im Fernsehen ein Werbeblock läuft, erledigen Sie etwas im Haushalt und fragen Sie, wer wohl vor allen anderen wieder auf der Couch sitzt. Auch eine Uhr kann man dazu einsetzen. Alle können dann loslaufen und sehen, mit welcher Aufgabe sie am schnellsten fertig werden.
- Verstecken Sie Geld im Zimmer und sagen Sie Ihrem Kind, dass es einen Euro (oder welchen Betrag Sie auch nennen wollen) finden wird, wenn es sein Zimmer gründlich säubert. Ihr Sohn wird sicher gründlich aufräumen, während er nach dem Geld sucht.
- Regen Sie Ihre Kinder zu Phantasiespielen an. Ihre Tochter kann zum Beispiel »Lieferservice« spielen und verlegte Gegenstände an ihren eigentlichen Ort bringen. Bei Klein- und Vorschulkindern, die gerne in eine Rolle schlüpfen, können Sie aus diesem Spiel sogar eine tägliche Aufgabe machen.

2. Kapitel
Berücksichtigung individueller Interessen

Der zweite Schritt des Fünf-Prinzipien-Ansatzes besteht darin, das Ordnungstraining auf die Individualität Ihres Kindes zuzuschneiden. Unsere Kinder wollen als Individuen wertgeschätzt werden. Von Geburt an streben unsere Kinder nach Selbstständigkeit und wir sollten Ihnen die Freiheit zugestehen, eigene kleine Persönlichkeiten zu sein. Auch ein kleines Kind, das sich jeder Aufforderung widersetzt, drückt damit im Grunde nur sein Streben nach Unabhängigkeit aus. ADS-Kinder bilden da keine Ausnahme. Manche Eltern und Therapeuten behandeln Kinder mit ADS zu sehr als psychische Problemfälle, so dass sie zu vergessen scheinen, dass diese Kinder auch Individuen mit eigenen Interessen und Gedanken sind.

Unsere Kinder müssen wissen, dass sie Individuen sind und dass uns ihre Interessen und Gedanken nicht gleichgültig sind. Häufig verstricken sich Eltern so sehr darin, das

Verhalten von ADS-Kindern zu lenken, dass sie ihr Kind nicht mehr individuell betrachten, sondern als typischen Problemfall. Auch mir ist das schon passiert. Ich habe mich von der Korrektur des Verhaltens so sehr vereinnahmen lassen, dass ich Kinder nicht mehr als Individuen wahrgenommen habe, die immer wieder, all meinen Bemühungen zum Trotz, Fehler machen, Wutausbrüche haben, Dinge verlieren und Hausarbeiten vergessen werden.

ADS-Kinder sind sehr kreativ, und wenn wir sie als Individuen akzeptieren und ihre Interessen und Gedanken aufgreifen, können wir uns eine Menge Zeit und Mühe ersparen. Liebt Ihr Kind zum Beispiel Dinosaurier, kaufen Sie ihm Schulhefte, Bleistifte und weitere Utensilien mit Dinosauriern drauf. Gegenstände, die ihm am Herzen liegen, wird es weniger schnell verlieren. Selbstverständlich ist das keine Gewähr dafür, dass es nie einen Bleistift verliert, aber es ist ein Anreiz.

Welche Interessen hat Ihr Kind? Beginnen Sie mit seinem Zimmer. Es sollte seine Persönlichkeit und seine Interessen widerspiegeln. Kinder lieben Stars, Sportler und Comicfiguren. Kaufen Sie Bettzeug und Einrichtungsgegenstände, die ihre Vorlieben und Sehnsüchte zum Ausdruck bringen. Das Kind wird sein Zimmer lieben und es in Ordnung halten wollen. Sicher wird Ihr Kind begeistert zupacken, wenn es darum geht, sein Zimmer nach seinen Wünschen umzugestalten. Durch Ihr Angebot, das Zimmer Ihres Kinder nicht nur bloß sauberzumachen, sondern auch anders einzurichten, signalisieren Sie dem Kind, dass Sie an seinen Interessen Anteil nehmen und nicht bloß daran denken, wie unordentlich sein Zimmer ist und was das über Sie und Ihre Haushaltsführung aussagt. Bei einem Neueinrichten des Zimmers stehen das Kind und seine Interessen im Mittelpunkt.

In Wirklichkeit wird es Ihrem ADS-Kind auch nach dem Umräumen schwerfallen, sein Zimmer in Ordnung zu halten. Die Aufgabe, das eigene Zimmer gut organisiert zu erhalten, kann so überwältigend sein, dass Sie sich bereithalten müssen, Ihrem Kind Hilfestellung zu leisten. Es wird ein System brauchen, um sein Zimmer nicht immer wieder in ein Chaos zu verwandeln. Vergessen Sie nie, dass Ihr Kind Sie nicht absichtlich zum Wahnsinn treiben will, indem es dafür sorgt, dass sein Zimmer wie eine Müllhalde aussieht. Es ist wirklich darauf angewiesen, von einem Ordnungssystem unterstützt zu werden. ADS-Kinder denken in einer strukturierten Umgebung tatsächlich besser, daher ist es wichtig, dass die Wohnbereiche sauber und ordentlich sind. Machen Sie den Anfang damit, dass Sie im Kinderzimmer ein Ordnungssystem einführen.

Strukturieren Sie das Zimmer um verschiedene Tätigkeiten oder Bereiche herum. Zu den typischen Bereichen eines Kinderzimmers gehören ein Platz zum Lesen, einer zum Lernen, zum Musikmachen, zum Werkeln und zum Spielen. Tauschen Sie die Spielsachen monatlich oder vierteljährlich aus, indem Sie zeitweilig einige Dinge außer Reichweite des Kindes im obersten Fach des Schranks verstauen. So wird Ihr Kind nicht durch zu viel Spielzeug überfordert und das Zimmer bleibt sauberer, wenn Ihr Kind zu weniger Spielsachen Zugang hat. Ältere Kinder können ihre Lieblingsbesitztümer auf Regalen unterbringen.

Lassen Sie sich was einfallen. Verwenden Sie durchsichtige Kästen, so dass Sie den Inhalt leicht erkennen. Sie können auch eine Wand nutzen, um Regale zu errichten oder eine umrahmte Fläche für Plakate zu schaffen. Kästen unter dem Bett sind eine gute Möglichkeit, um Spielzeug zu verstauen, mit dem Kinder normalerweise im Zimmer spielen. Wenn Sie Ihrem Kind helfen, Ordnung zu halten, müssen sein Zimmer und die Stauräume darin auch auf Ihr Kind zugeschnitten sein. Berücksichtigen Sie stets seine Interessen. Niedrige Stauräume sollten Sie für Kinder wählen, die gern auf dem Fußboden spielen, höhere, wie Regale, für Kinder, die gern ihre Sachen ausstellen. Nachdem Sie das Zimmer Ihres Kindes in Ordnung gebracht haben, brauchen jüngere Kinder vermutlich eine Liste, anhand deren sie wöchentlich und/oder täglich vorgehen können, um ihr Zimmer auch in diesem Zustand zu halten. Mit älteren Kindern schließen Sie am besten einen Vertrag.

Verträge zeigen unseren Kindern, dass wir ihnen vertrauen und sie als Individuen respektieren. Eine Liste von Aufgaben funktioniert bei kleineren Pflichten gut, Verträge eignen sich besser für größere Pflichten, wie etwa das Zimmer sauber halten, also bei solchen, die leicht zu Konflikten innerhalb der Familie führen. Konflikte lassen sich dann lösen, wenn alle Beteiligten wissen, was man voneinander erwartet. Ein guter Vertrag sieht so aus: Sie setzen ihn gemeinsam mit Ihren Kindern auf und beide Seiten machen das ein oder andere Zugeständnis. Mit meinem Sohn habe ich mal einen Vertrag geschlossen, bei dem wir uns geeinigt haben, was unter einem sauberen Zimmer zu verstehen ist. Wenn ich ihn aufforderte, sein Zimmer aufzuräumen, verfügten wir daher über eine gültige Liste, an die er sich bei seiner Arbeit halten konnte.

Verträge sollten nie ein Mittel sein, unseren Kindern unsere Maßstäbe und Vorstellungen aufzuzwingen. Damit erzeugen wir nur Widerstand, denn das Kind wird das Gefühl haben, von Ihnen zu sehr beschnitten und seiner Individualität beraubt zu werden. Das Selbstwertgefühl eines Kindes ist zu einem großen Teil davon bestimmt, wie diejenigen, die es lieben, mit ihm umgehen. Jedes Kind möchte spüren, dass seine Meinungen, Interessen und Wünsche von uns gutgeheißen werden. Jüngeren Kindern fällt es schwer, zwischen dem, was sie lieben, und dem, was sie sind, zu unterscheiden. Wir müssen unseren Kindern sowohl in unseren Worten als auch in unseren Taten Wertschätzung entgegenbringen. Genau deshalb funktioniert es so gut, wenn wir mit unseren Kindern Verträge schließen. Es zeigt ihnen, dass wir sie als Person achten und sie nicht unfair und unberechtigt strafen.

Verträge sind zudem auch deshalb hilfreich, weil sie es uns ersparen, uns ständig zu wiederholen. Das Kind ist verantwortlich dafür, sein Wort zu halten. Streitigkeiten nehmen ab, weil das Kind nicht mit einem Stück Papier herumdebattieren kann. Verträge funktionieren gut, wenn Kinder sie mit Ihnen gemeinsam aufsetzen, denn dann haben sie nicht das Gefühl, dass ihnen Regeln aufgedrängt werden. Ältere ADS-Kinder, die ihre innere Schwäche kennen, sind oft froh, einen Vertrag zu machen, weil es ihnen hilft, mehr Entschlusskraft an den Tag zu legen. Zu nahezu jeder schwierigen Erziehungsfrage kann man einen Vertrag entwerfen. Wenn ein impulsives Kind an seinen Vertrag denkt, dann wird es davon abgehalten, auf der Stelle eine Entscheidung zu treffen. Natürlich stellt es für ADS-Kinder eine größere Herausforderung dar, sich an die Einzelheiten des Vertrags zu erinnern. Fassen Sie ihn daher in einfachen und klaren Worten ab.

ADS-Kinder brauchen immer wieder Erinnerungshilfen. Der Trick besteht darin, sie an etwas so zu erinnern, dass sie sich nicht wie Kleinkinder behandelt fühlen und ihre Individualität und Interessen gewahrt sehen. Es ist leichter, ein älteres Kind an einen Vertrag zu erinnern, als immer sein Verhalten zu rügen. Statt Ihr Kind unaufhörlich zu ermahnen, es solle jetzt endlich sein Zimmer aufräumen, könnten Sie ihm sagen, es sei Zeit einen Blick auf den Vertrag zu werfen und die Papiere usw. in seinem Zimmer aufzuheben, wie es der Vertrag vorsieht. Ein Vertrag ist ein neutrales Stück Papier und im Allgemeinen erscheint er Ihrem Kind fair. Darüber hinaus haben Verträge den Vorteil, dass sie die Eltern-Kind-Beziehung intakt halten, weil Eltern ihre Kinder nicht immer tadeln müssen. Nahezu alle Kinder haben ein tief sitzendes Empfinden von Fairness und Gerechtigkeit. Häusliche Arbeiten, die ihnen aufgezwungen werden, kommen ihnen wie Schinderei vor. Arbeit und Pflichten im Haus müssen als Privileg betrachtet werden. Alles hängt davon ab, wie etwas wahrgenommen wird. Alle Arbeiten sollten ehrenvoll erscheinen. Wenn ein Kind alt genug ist für eine bestimmte Tätigkeit, zum Beispiel für das Rasenmähen, dann könnten Sie daraus ein Fest machen:

Holen Sie den Camcorder hervor, um sein erstes Mal Rasenmähen aufzuzeichnen. Unterstreichen Sie nachdrücklich, dass bestimmte Aufgaben Initiationsriten sind, die den Übergang zum Erwachsensein bilden, und dass sie zeigen, das Kind sei jetzt würdig, die Aufgabe eines Erwachsenen zu übernehmen.

Die meisten Kinder möchten erwachsen sein. Wenn Geschirrspülen als Aufgabe für Erwachsene gilt, werden sie spülen wollen. Wenn Sie möchten, dass die Arbeit als Privileg betrachtet wird, erwähnen Sie keinesfalls, dass Spülen Ihnen lästig ist und Sie es gern einem anderen überlassen würden. Die Aufgaben müssen in den Augen des Kindes ehrenvoll erscheinen. »Ehrenvolle Arbeiten werden ehrenhaften und zuverlässigen Leuten übertragen« lautet die Botschaft, die Sie Ihrem Kind übermitteln möchten.

Bis die Kinder fähig sind, das Geschirr zu spülen, sollten Sie beim Spülen immer Begeisterung zeigen. Ich weiß, dass das recht schwierig ist, aber dadurch lehren Sie Ihr Kind auch, eine positive Haltung einzunehmen, und vielleicht gefällt Ihnen das Spülen mit der Zeit tatsächlich besser.

Haushaltspflichten sollten das Selbstgefühl Ihres Kindes stärken, weil es etwas für die Familie tut. Betrachten Sie Ihre Rolle und die Hausarbeit als würdevoll und Ihr Kind wird Ihnen darin folgen.

ADS-Kinder brauchen ständig Gedächtnisstützen. Verschiedene Farben, um die Besitztümer Ihres Kindes zu kennzeichnen, sind da nützlich. In großen Familien funktioniert das gut, und das Kind erkennt, dass das rote Handtuch, der rote Becher, die rote Zahnbürste usw. ihm gehören. So wissen Sie zudem, wer das nasse Handtuch auf dem Boden liegen gelassen hat. Die Farbe sollte sich Ihr Kind selbst aussuchen. Dank seiner persönlichen Wahl ist das Kind emotional daran interessiert, seine Sachen zusammenzuhalten. Emotionales Engagement vermag bei einem ADS-Kind viel auszurichten. Daher sollten wir so weit wie möglich ihre Zustimmung gewinnen und ihnen nichts aufzwingen. Denn damit fordern wir sie nur zum Widerstand heraus.

Wir müssen ihnen daher helfen, sich als Mitglied unserer Gemeinschaft und als Person anerkannt zu fühlen. Sicher müssen wir Verschiedenes ausprobieren, bis wir das System finden, das für unsere Familie funktioniert.

Manchmal müssen wir bei Geschwistern unterschiedliche Methoden einsetzen. Genau das bedeutet es doch, Eltern zu sein: niemals aufzugeben und unsere Kinder als Individuen und nicht als Träger einer Prognose zu sehen. Ihr Kind objektiv zu betrachten, wird Ihnen helfen, die Strategien festzulegen, die bei Ihrem Kind funktionieren oder nicht. Wir dürfen aber unsere Kinder nicht dermaßen kühl betrachten, dass wir ihre Interessen und ihre Persönlichkeit aus dem Blick verlieren. Selbst die von uns gewählten lustigen Aktivitäten sollten die Individualität unserer Kinder widerspiegeln.

Weitere Tipps

- Helfen Sie Ihrem Kind, seine Aufgaben zu erledigen. So weiß es, dass Sie zu seinem Team gehören. Überraschen Sie Ihr Kind, indem Sie sein Bett machen oder eine andere Aufgabe für es übernehmen. Das wird ihm klarmachen, dass Sie sich wirklich kümmern, und es dazu bewegen, seine Aufgaben zu erfüllen, weil es eine gute Beziehung zu Ihnen hat, und nicht, weil es ein strenges Regiment fürchtet.

Antwort

VERLAGSGRUPPE PATMOS

Senefelderstraße 12
D-73760 Ostfildern

Liebe Leserin, lieber Leser,

gerne informieren wir Sie künftig über unsere Neuerscheinungen. Teilen Sie uns mit, für welche Themen Sie sich interessieren und schicken einfach diese Karte zurück.
Wenn Sie außerdem unsere Fragen auf der Rückseite beantworten, helfen Sie uns, zukünftig genau die Bücher zu machen, die SIE interessieren!

Gerne revanchieren wir uns für Ihre Mühe:
Unter allen Einsendern verlosen wir monatlich Bücher aus unseren Programmen im Wert von € 50,-

VORNAME / NAME

STRASSE / HAUSNUMMER

PLZ / ORT

E-MAIL

Bei Angabe Ihrer Mail-Adresse erhalten Sie rund 6 Mal jährlich unseren Newsletter, der Sie über die uns genannten Themenbereiche informiert.

Ihre Meinung ist uns wichtig!

Diese Karte lag in dem Buch:

....

Ihre Meinung zu diesem Buch:

....
....
....
....
....

Wie sind Sie auf dieses Buch gestoßen?

- ○ Buchbesprechung in:
- ○ Anzeige in:
- ○ Verlagsprospekt
- ○ Entdeckung in der Buchhandlung
- ○ Internet
- ○ Empfehlung
- ○ Geschenk

Für welche Themen interessieren Sie sich?

- ○ Religion
- ○ Spiritualität & Lebenskunst
- ○ Kinder & Familie
- ○ Kirche & Gemeinde
- ○ Theologie & Religionswissenschaft
- ○ Garten / Kochen / Wohnen
- ○ Kalender & Geschenke
- ○ Psychologie & Lebenshilfe
- ○ Geschichte/Geschichtswissenschaft

Fordern Sie unsere aktuellen Themenprospekte an:
bestellungen@verlagsgruppe-patmos.de
Fax +49.711.4406-177
Tel. +49.711.4406-194

Einen Überblick unseres **Gesamtprogramms** finden Sie unter
www.verlagsgruppe-patmos.de

**PATMOS
ESCHBACH
GRÜNEWALD
THORBECKE
SCHWABEN**

Die Verlagsgruppe
mit Sinn für das Leben

- Gestatten Sie jedem Familienmitglied seinen Terminplan in der ihm zugewiesenen Farbe (rote, schwarze, blaue, grüne Tinte) auf dem Familienkalender einzutragen. Jeder sollte seinen eigenen Raum für Organisationsaufgaben haben. Stellen Sie Ihrem Kind einen eigenen Schreibtisch zur Verfügung. Ermuntern Sie Ihr Kind, selbst festzulegen, wann es jeden Tag still für sich sein möchte. Reservieren Sie in Ihrem wöchentlichen Terminkalender eine Zeit für die gemeinsame Planung der Familie. Hängen Sie als Erinnerungsstütze überall im Haus den Terminplan der Familie auf.
- Legen Sie die Lieblingskassette Ihres Kindes in seinen Rekorder oder seinen Wecker. So aufzuwachen ist angenehm.
- Schauen Sie Ihrem Kind in die Augen und loben und bestätigen Sie es, sobald es eine Arbeit beendet hat, sowohl mit Worten als auch durch Zärtlichkeiten. Kinder brauchen unsere Anerkennung.

3. Kapitel
Stellen Sie Regeln auf und schaffen Sie Routinen

Regeln ergänzen die beiden Eckpunkte Spaß und Individualität. Ein Kind, das nichts als Spaß hat und immer seine Individualität behauptet, wird sich rücksichtslos verhalten. Kinder brauchen auch Regeln. Regeln schützen sie und sorgen für die Grenzen, innerhalb deren sie im Schutz der elterlichen Liebe und Sorge ihre Freiheit ausprobieren können. ADS-Kinder benötigen außerdem eine feste Routine. Struktur und Vorhersehbarkeit lassen sie aufblühen.

Die Regeln sollten logisch sein und leicht verständlich. Willkür und Zweideutigkeit sind sehr ungünstig. Gut durchdachte Regeln geben den Kindern Sicherheit und ersparen es uns, unsere Kinder ständig ermahnen zu müssen. Wenn Sie beispielsweise die Regel aufgestellt haben, dass jeder, der seine Pflichten nicht erfüllt, eine weitere Aufgabe aufgebürdet bekommt, dann sollten Sie immer zusätzliche Aufgaben bei der Hand haben. Am besten machen Sie sich eine Liste der monatlichen, vierteljährlichen und jährlichen Aufgaben im Haus. Sie müssen Ihrer Tochter nicht damit in den Ohren liegen, doch endlich den Müll rauszubringen; es reicht, wenn Sie ihr am nächsten Morgen sagen, sie müsse eine Aufgabe aus dem Aufgabentopf ziehen.

Regeln sollten sehr einfach gehalten und nicht vage interpretierbar sein. Am besten wählen Sie eine positive Formulierung. Damit geben Sie Ihrem Kind eine klare Handlungsanweisung, auf die es sich konzentrieren kann. Hier ein Beispiel: Statt zu sagen: »In Papas Werkstatt wird nicht gerannt«, stellen Sie die Regel auf: »In Papas Werkstatt bewegen wir uns sorgsam und langsam.« Das hält dem Kind vor Augen, welches Verhalten gewünscht wird. Auch die Folgen sollten deutlich sein, ebenso aber auch die Möglichkeiten zur Wiedergutmachung. So sollte Ihr Kind nicht den ganzen Tag aus Vaters Werkstatt verbannt werden, wenn es darin herumgerannt ist. Sie können es so lange rausschicken, bis es sich beruhigt hat. Regeln im Haushalt sind bei ADS-Kindern nötig, weil sie einen festen Rahmen brauchen. Regeln geben ihnen Schutz und Halt.

Regeln sollten widerspiegeln, was für eine materielle und spirituelle Umgebung Sie sich für Ihr Zuhause wünschen. ADS-Kinder brauchen sowohl Regeln für den sozialen Umgang als auch für ihre Umgebung. In unserem Haushalt bedeutet die Achtung vor jedem Familienmitglied, dass wir uns nicht gegenseitig beschimpfen. Es heißt auch, dass wir den Ort achten, der unser Heim ist, und dass wir ihn ordentlich halten. Die Regeln zeugen von der friedlichen Atmosphäre, die ich mir für unser Zuhause wünsche, aber auch von der Umgebung, in der ich meine Kinder aufwachsen sehen möchte. In einigen Haushalten sind die Wohnräume makellos sauber, doch die Atmosphäre ist streng und aburteilend. Man spürt es sofort, wenn man sie betritt, und diese unfreundliche Atmosphäre zerstört die eventuelle Schönheit der materiellen Umgebung.

Stellen Sie einfache Regeln auf, die Eigenschaften und Charakterzüge, die Sie sich für Ihre Familie wünschen, fördern. Freundlich zu sein, könnte eine solche Regel sein. Es ist ganz leicht zu sagen, wir sind eine freundliche Familie, und darum sind wir auch freundlich zueinander und behandeln unseren Besitz pfleglich. Wir springen daher nicht auf dem Sofa herum oder schlagen mit unseren Holzschwertern auf den Tisch. Regeln, die sich auf die Organisation des Haushalts und die Zusammenarbeit beziehen, sind in jeder Familie unerlässlich. Die Befolgung der Regeln ist für unsere Kinder wichtig, da sie gute Gewohnheiten entwickeln sollen. Gewohnheiten stellen ein Verhalten dar, das das ganze zukünftige Leben bestimmt, denn Gewohnheiten leiten unser Verhalten instinktiv an. Gute Gewohnheiten bilden sich nur durch Wiederholung oder Routinen. Routinen vermitteln ebenso wie Regeln unseren Kindern ein Gefühl von emotionaler und körperlicher Sicherheit.

Eine Routine ist nichts anderes als ein Ablaufplan. Dieser sollte nicht zu rigide sein. Routinen lassen sich leicht formulieren, fragen Sie sich einfach nur, was Sie im Allgemeinen täglich tun oder tun möchten. Heften Sie die Routine irgendwo an. Verwenden Sie bunte Sticker oder Zeitschriftenbilder, damit Ihre Kinder zusätzlich noch eine visuelle Erinnerungsstütze haben. Eine Kopie des täglichen Ablaufplans lässt sich im Zimmer Ihres Kindes und in der Küche aufhängen. Der Rückgriff auf die ausgehängte Liste wird sich in dem Maße erübrigen, wie Ihr Kind die Dinge irgendwann automatisch tut.

Idealerweise sollten Eltern eine Routine für den Morgen, den Nachmittag (nach der Schule) und den Abend und die Zubettgehzeit haben. Denkbar wären auch Listen oder Routinen für den Kirchgang, fürs Einkaufen oder für den Babysitter. Die Routinen tragen dazu bei, Ihr Kind an die Regeln zu gewöhnen. Indem Sie Regeln und Routinen aufschreiben, stellen Sie sicher, dass jeder weiß, was der nächste Punkt auf dem Tagesplan ist. So erhält Ihr Kind Gelegenheit, sich aktiv auf jeden Tag vorzubereiten. Ausgehängte Regeln sind Erinnerungshilfen für unsere Kinder.

Regeln sind nicht bloß dazu da, die Erziehung zu vereinfachen. Eine wirksame Regel nutzt auch dem Kind langfristig. Wenn Sie etwa Ihrem Kind den Nachtisch erst nach dem Essen erlauben, dann tun Sie das nicht allein um einer sozialen Norm willen. Sie helfen ihm auch, gesunde Essgewohnheiten anzunehmen, die hoffentlich das ganze Leben anhalten. Ein Kind, das sich an die Regeln hält, verdient Bestärkung und Bestätigung. Im Allgemeinen bemerken wir nur, wenn unsere Kinder gegen die Regeln verstoßen. Wir sollten sie aber auch dafür belohnen, wenn sie die Regeln einhalten.

Belohnungen bewirken viel, wenn es darum geht, ein gewünschtes Verhalten zu verstärken. Sie könnten Ihr Kind etwa dafür belohnen, dass es sein Zimmer aufgeräumt und geputzt hat. Manche Eltern finden es vielleicht nicht richtig, ein Kind für die Erledigung von häuslichen Pflichten zu belohnen. Sie halten das für selbstverständlich. Aber auch eine gute Gewohnheit entwickelt sich erst durch Bekräftigung.

Und eine kleine Belohnung kann dazu beitragen, dass Ihr Kind sein Zimmer dauerhaft sauber hält. Wenn sich die Gewohnheit erst einmal herausgebildet hat, können Sie die Belohnung langsam absetzen und Ihre Aufmerksamkeit auf anderes richten, von dem Sie möchten, dass Ihre Kinder es sich zur Gewohnheit machen.

Als Belohnung können Sie dem Kind auch einen Spielabend mit der ganzen Familie versprechen, oder es können Punkte für die Erledigung von Pflichten gesammelt werden. Wenn eine bestimmte Anzahl beisammen ist, können die Punkte eingelöst werden, vielleicht durch einen gemeinsamen Ausflug oder sogar eine Reise.

Aufgabenlisten, die am Ende der Woche eine bestimmte Belohnung oder eine Vergünstigung versprechen, funktionieren bei den meisten Kindern am besten. Dem Kind eine Überraschung direkt nach erledigter Arbeit zu versprechen, kann nach hinten losgehen, wenn nämlich das Kind die Belohnung als zu gering für die erledigte Arbeit betrachtet. Einige Eltern knüpfen das Taschengeld des Kindes an die Erfüllung seiner Pflichten. Andere veranstalten, wenn alle Arbeiten hervorragend erledigt worden sind, einen Pizzaabend für die ganze Familie. Um belohnt zu werden, darf die Arbeit nicht schludrig oder planlos ausgeführt worden sein. Wir möchten, dass unsere Kinder den Wert ihrer Arbeit verstehen.

Tägliche Regeln und Routinen machen die Umwelt für Ihr Kind vorhersagbar. Das gibt ihnen emotionale Sicherheit. Ihr täglicher Plan muss klar und vorhersagbar, aber dennoch flexibel sein. Sie brauchen nicht jede Tätigkeit auf die Sekunde genau zu planen. Bleiben Sie aber zu vage, beunruhigen Sie Ihr Kind durch den Mangel an Struktur. Besonders Kinder mit ADS werden eine Umgebung, die sich ständig grundlos verändert, sehr verwirrend finden. Regeln geben auch den Geschwisterkindern eines ADS-Kindes zu verstehen, dass Sie alle gleich fair behandeln und nicht bloß die Schwächen Ihres ADS-Kindes kompensieren wollen. In unserem Eifer, das Verhalten unseres ADS-Kindes zu lenken, verlieren wir manchmal die anderen Kinder aus dem Auge. Klare Regeln und Routinen geben allen unseren Kindern das Gefühl, dass wir uns um sie kümmern. Kinder merken schnell, dass wir sie mit den Regeln anleiten wollen und dass wir ihnen Respekt entgegenbringen.

Wenn ich einen Kurs über die Kunst der Zeiteinteilung abhalten würde, würde ich Sie auffordern, zunächst Ihre Ziele aufzuschreiben und diese dann in kleinere Schritte zu unterteilen, so dass Sie in die Lage versetzt werden, sie täglich umzusetzen. Im Allgemeinen sollte unser täglicher Zeitplan von unseren persönlichen und beruflichen Zielen bestimmt werden, ansonsten ersticken wir in der puren Krisenbewältigung. Bei der Krisenbewältigung erschöpfen sich unsere Anstrengungen in dem Versuch, alles am Laufen zu halten oder einen Brandherd nach dem anderen zu löschen, weil wir nur im Hier und Jetzt handeln. Dabei müssen wir unbedingt über das Heute hinausschauen und an morgen denken.

Planen Sie Ihren Tag in groben Zügen. Sorgen Sie dafür, dass Ihr Kind auch Freizeit hat. Tatsächlich ist es so, dass Ihr Kind eher in der Lage ist, sich unerfreulichen Aufgaben zuzuwenden, wenn Sie dazwischen immer wieder erfreuliche Aktivitäten einplanen. Ein wichtiges, nicht zu vernachlässigendes Moment in der Zeitplanung ist Vorbereitungszeit.

Bei vielen Tätigkeiten müssen Sie Vorbereitungszeit einplanen, denn unsere Kinder brauchen Zeit, um von einer Tätigkeit zu einer anderen überzugehen.

Genügend Vorbereitungszeit zu lassen ist der Knackpunkt einer jeden Planung. So schaffen wir Routinen. Auch das Zubettgehen ist ein Ablauf. Viele Spannungen zwischen Eltern und Kindern, wenn es an der Zeit ist, zu Bett zu gehen, haben mehr mit schlechter Planung und Vorbereitung als mit anderen Dingen zu tun. Die Zubettgehzeit besteht aus mehr als bloß Zähneputzen und seinen Teddybären in den Arm zu nehmen. Für das Kind ist es eine wichtige Übergangszeit.

Der richtige Übergang stellt vor allem für Kinder mit Aufmerksamkeits- und Konzentrationsschwächen eine Herausforderung dar. Weil sie beunruhigend ist, muss diese Zeit besonders angenehm sein und einen klaren Ablauf haben. Sehen Sie Zeit für eine stille Tätigkeit vor, wie etwa dem Lauschen einer beruhigenden Musik oder eines Hörbuches oder Hörspiels. Wählen Sie Bücher, die Ihre Kinder nicht aufregen.

Eine Geschichte zu hören ist sehr vergnüglich und hilft den Kindern, diese Zeit des Übergangs in die Nachtruhe gut zu meistern. Eine Möglichkeit ist auch, beruhigende klassische Musik abzuspielen. Am Ende des Buches finden Sie eine Liste mit Vorschlägen.

Routinen und Regeln sind wesentliche Bestandteile des Versuchs, Ordnung in das Leben Ihres ADS-Kindes zu bringen. Kompliziert dürfen die Regeln und die Routinen allerdings nicht sein. Im Gegenteil: Halten Sie sie einfach.

Weitere Tipps

- Verwenden Sie einen Aufgabenplan, den Sie mit einem bunten Aufkleber verzieren können, sobald Ihr Kind seine Spielsachen aufgeräumt oder eine andere Pflicht erfüllt hat. Das ist ein guter Anreiz. Ein mit Aufklebern gefüllter Plan könnte gegen eine zusätzliche Stunde Fernsehen oder einen Spieleabend für die ganze Familie eingetauscht werden. Sie können auch mit Ihrem Computer vielleicht selbst gestaltete »Lobkarten« ausdrucken, Sternchen verteilen oder Smileys neben jede von Ihrem Kind erledigte Aufgabe kleben. Der Phantasie sind hier keine Grenzen gesetzt.
- Sie können auch jeder Aufgabe im Haushalt eine Punktzahl zuweisen und gleichzeitig zum Beispiel eine Wochenpunktzahl festlegen, die jedes Kind erreichen soll. Sie können auch ein Spiel daraus machen und Kärtchen mit Aufgaben und der zugehörigen Punktzahl vorbereiten. Diese Kärtchen werden dann noch von allen Familienmitgliedern aus einem großen Topf gezogen.
- Hängen Sie Kalender in den Kinderzimmern auf, vor allem in denen der kleineren Kinder, die noch keinen Begriff von Zeit haben. Sie können dann die Tage bis zu einem bestimmten Ereignis durchstreichen. Eine Möglichkeit ist auch, sie selbst einmal im Monat einen Kalender anfertigen zu lassen. Ältere Kinder haben vermutlich mehr Spaß an Kalendern, die etwas mit ihren Idolen oder Hobbys zu tun haben.

4. Kapitel
Drücken Sie sich einfach und konkret aus

Der vierte Grundsatz unserer Methode lautet: Wenn Sie Ihre Kinder zur Ordnung anhalten, tun Sie es einfach und konkret. Wir Eltern gerieten in unseren Bemühungen, den Kindern zu helfen, oft auf Nebengleise. Manchmal verkomplizieren wir sehr einfache Dinge. Auch ADS-Kinder brauchen einfache, konkrete und direkte Anweisungen, gleichgültig, um was für eine Aufgabe es sich handelt.

Wählen Sie leicht verständliche Ausdrücke, die in verschiedenen Situationen verwendbar sind. Als meine Kinder noch klein waren, sagten wir beispielsweise zu ihnen: »Bring es in sein Haus.« Gemeint war damit: Bring einen Gegenstand an seinen eigentlichen Platz. »Bring es in sein Haus«, ist ein Ausdruck, mit dem man ein Kind ebenso gut daran erinnern kann, seinen Mantel aufzuhängen wie seine Spielzeuge wegzutun, ja auch daran, die fertigen Schulaufgaben in die entsprechende Mappe zu tun. »Bring es in sein Haus«

ist eine für Kinder leicht verständliche und auf viele Situationen übertragbare Anweisung. Das ist besonders hilfreich für ADS-Kinder, denen es oft schwerfällt, Fertigkeiten auf verschiedene Umgebungen zu übertragen. Mit Hilfe dieses Ausdrucks ist ein Kind zudem fähig, sich selbst daran zu erinnern, dass es seine Schulhefte dorthin legen muss, wo sie hingehören.

Wenn wir unseren Kindern Aufträge geben, sollten wir eine einfache und bündige Sprache benutzen. Manchmal reden wir so viel, dass unsere Kinder einfach abschalten. Unsere Wortwahl sollte sehr konkret sein. Kinder, die unter acht Jahren alt sind, lassen sich leicht ablenken und vergessen nach einer gewissen Zeit oft, was Sie ihnen gesagt haben. Wenn Sie Ihren Sohn zum Beispiel losschicken, die Zeitung zu holen, er aber auf dem Weg den freundlichen Golden Retriever des Nachbarn trifft, wird er ihn vermutlich streicheln und die Zeitung ganz und gar vergessen.

Einfache Sätze helfen hier weiter. Etwa: »Bitte geh und hol die Zeitung.« Lassen Sie das Kind wiederholen, was es tun soll. Sagt das Kind: »Ich gehe die Zeitung holen«, wird sein Gehirn aktiviert. Es ist weniger leicht ablenkbar, wenn es ausspricht, was es tun soll. Sie könnten ihm auch ein Merkzeichen in die Hand drücken; zum Beispiel eine Wäscheklammer, die es Ihnen geben soll, wenn es mit der Zeitung zurückkehrt. Aus einem alten Spielzeug oder einem hölzernen Löffel lässt sich leicht eine Erinnerungsstütze machen, vergleichbar mit dem »Knoten im Taschentuch«. Die Gedächtnisstütze hilft Ihrem Kind, sich an das Gesagte zu erinnern.

Manchmal halten wir etwas für Widerspenstigkeit, was in Wahrheit darauf zurückzuführen ist, dass unsere Kinder vergessen haben, was wir ihnen gesagt haben. Wählen Sie immer einfache Ausrufesätze, ich nenne sie »Ein-Schritt-Befehle«, wobei das Verb stets eine einfache Handlungsanweisung ausdrücken sollte. Sie wollen Ihrem Kind sagen »Heb die Papiere vom Boden auf« und ihm keine langatmige Lektion darüber erteilen, warum der Boden hygienisch rein zu sein hat und welche Vorteile ein ordentlicher Haushalt hat. Ihr Kind wird bei solchen ausführlichen Erklärungen ohnehin auf Durchzug stellen.

Die meisten Kinder sind lediglich imstande, eine einzige Aufgabe zu erledigen oder, sofern der Zusammenhang klar ist, drei Schritte in einer geordneten Abfolge zu erledigen. Wenn Sie zum Beispiel Ihrem Kind sagen, es möge sich fürs Bett fertig machen, dann sollte alles, was Sie ihm auftragen, mit dem Ritual des Zubettgehens zu tun haben. Wenn Sie Ihr Kind gebeten haben, die drei Dinge zu tun, die vor dem Zubettgehen gemacht werden müssen, dann ist das sicher nicht der richtige Zeitpunkt, um über den Ausflug mit der Jugendgruppe in zwei Wochen zu sprechen. Die Zubettgehroutine wird dem Kind helfen, sich an die damit verbundenen Aufgaben zu erinnern.

Auf einer sehr grundlegenden Ebene muss jede Aufgabe, die wir unseren Kindern geben, für sie einen Sinn ergeben. Sie müssen verstehen oder billigen, was wir von ihnen fordern. Anderenfalls erscheint die Aufgabe dem Kind abstrakt. Jede Aufgabe sollte für das Kind von Bedeutung sein. Ein Zweijähriges liebt es, sich selbst anzuziehen und auch anderes eigenständig zu tun. Deshalb wird es Vergnügen daran finden, seinen Mantel aufzuhängen. Schließlich möchte es unabhängig sein.

Die Aufgabe ist für es von Bedeutung. Sie nützt ihm in irgendeiner Weise. Die Bitte, die Unterrichtsmitschriften in einen Ordner zu legen, ist für das Kind nur dann wichtig, wenn es versteht, warum sie unbedingt zurückgelegt werden müssen und was es für Folgen hat, wenn dies nicht geschieht.

Erleichtern Sie es Ihrem Kind, Ihren Bitten nachzukommen. Bringen Sie zum Beispiel Haken auf seiner Augenhöhe an, damit es leicht und mühelos seine Jacke aufhängen kann. Kaufen Sie Bettwäsche, die leicht zu beziehen ist, so dass es ohne Ihre Hilfe sein Bett machen kann. Verwahren Sie den Staubsauger an einem leicht zugänglichen Ort, damit er schnell zur Hand ist, wenn die Haferflocken verschüttet worden sind.

Kennzeichnen Sie alles, um Ihrem Kind den Überblick über seine Dinge und seine Aufgaben leicht zu machen. Kleben Sie den Namen des Kindes auf seine Bücher und seine Hefte. Meiner Erfahrung nach verlieren Kinder Stifte mit ihrem Namen drauf weniger leicht als normale Stifte. Es ist sehr leicht die Sachen eines Kindes zu kennzeichnen. Meine Kinder stritten sich immer darüber, wessen Socken das seien, bis ich ihre Initialen mit einem Wäschestift auf die Unterseite schrieb. Mit den Badesachen, den Ballettsachen und den Mänteln habe ich es genauso gemacht. Dank der Kennzeichen ist es kein Rätsel mehr, wessen Socken mitten auf dem Wohnzimmerboden liegen.

Einfachheit scheint für Erwachsene so selbstverständlich zu sein, dass wir manchmal nicht erkennen, wie unkonkret wir uns gegenüber unseren Kindern ausdrücken. »Mach dein

Zimmer sauber« ist für Kinder eine abstrakte Aufforderung. »Sauber« ist ein vages Wort, das für verschiedene Leute Verschiedenes bedeutet. Sagen Sie Ihrem Kind ganz genau, was Sie unter »sauber« verstehen. Wenn möglich schreiben Sie für Ihr Kind eine Liste; verwenden Sie dafür auch ruhig Bilder. Ich kenne eine Mutter, die die Zimmer ihrer Kinder säuberte und alles mit einer Digitalkamera festhielt. Danach vergrößerte sie die Aufnahmen und überreichte sie ihren Kindern. So verfügten beide Parteien über dieselbe Vorstellung dessen, was sauber ist. Ihre Kinder wussten bis ins Einzelne, was von ihnen erwartet wurde. Das Saubermachen ihrer Zimmer wurde damit zu einer einfachen Aufgabe.

Neben einer einfachen Liste oder bildlichen Darstellungen benötigen ADS-Kinder zwischen den verschiedenen Aufgaben Zeit. Anderenfalls könnten sie sich erdrückt fühlen. Wenn Sie zum Beispiel Ihr Kind anleiten, sein Zimmer sauber zu machen, verschaffen Sie sich zunächst einen Überblick über die zu ordnenden Gegenstände. Typischerweise haben Kinder Spielsachen, Bücher, Papier und Kleider in ihrem Zimmer, die aufgeräumt werden müssen. Sie könnten Ihr Kind bitten, alle Kleider in seinem Zimmer aufzuheben und sie entweder auf Bügel zu hängen oder in den Wäschekorb zu werfen. Nachdem das Kind alle Kleider weggeräumt hat, wenden Sie sich der nächsten Gruppe von Gegenständen zu. Je konkreter wir unsere Kinder anleiten, desto mehr werden sie mit uns zusammenarbeiten. Die Liste »Zimmer säubern« sollte nur ein paar Punkte aufführen. Für jüngere Kinder schreiben Sie nicht mehr als fünf bis sechs Punkte auf. Wenn es nötig ist, helfen Sie den Kleinen beim Zimmeraufräumen, dann können Sie sie gleichzeitig anleiten, auf die schwierigen Besonderheiten der Aufgabe zu achten. Entscheidend ist, dass Sie den Kindern konkrete Angaben machen. Ein Kind muss ganz genau wissen, was von ihm erwartet wird, anderenfalls wird es entmutigt und hört auf, sich anzustrengen.

Kinder müssen zudem sehen können, was zu tun ist. Aufgabenlisten müssen daher unbedingt auf ihrer Augenhöhe angeheftet sein. Sie sollten reizvoll gestaltet sein, aber tun Sie nicht zu viel des Guten. Ihr Kind kann sich nur auf wenige Worte auf einmal konzentrieren. Sie können Aufgabenlisten auf dem Computer entwerfen oder sie kaufen. (Vgl. Sie die Liste der Aufgaben auf S. 108ff.). Wichtig ist, dass Sie die Liste der täglichen Aufgaben so anheften, dass sie Ihrem Kind immer vor Augen ist. Nach meiner Erfahrung benötigen viele ADS-Kinder zusätzlich eine bildliche Gedächtnisstütze für jede Aufgabe, die sie tun sollen. Wenn sie beispielsweise den Müll hinausbringen sollen, ist das Bild eines Mülleimers sehr zweckmäßig. Da wir uns bildhaft erinnern, assoziieren die Kinder mit der Zeit die Aufgabe leichter, wenn neben der zugewiesenen Aufgabe auf der Pflichtenliste eine bildliche Darstellung der Arbeit zu finden ist. Außerdem sollte bei sämtlichen Familienpflichten die Zeit angegeben werden, innerhalb deren sie zu erledigen sind. Tragen Sie diese Zeit auch auf dem Terminplan Ihres Kindes ein. Das kann dabei helfen, dass Ihr Kind sich nicht unnötig lange bei einer Aufgabe aufhält.

Weitere Tipps

- Verwenden Sie Schaubilder, die wie eine Rennbahn aussehen, so dass Ihr Kind seine Fortschritte hinsichtlich einer bestimmten Arbeit sinnlich nachvollziehen kann. Bei jüngeren Kindern habe ich einmal eine Rennbahn eingesetzt, um ihnen zu zeigen, dass sie sich ihrem Ziel nähern. Sie haben das Auto immer ein Stück vorangeschoben, wenn sich ihre Lesefähigkeit verbesserte.
- Wenn Ihr Kind ein besonderes Projekt plant, sollten Sie es ermuntern, eine Liste der zu erledigenden Aufgaben zu schreiben. Fordern Sie es auf, die Zeit einzuschätzen, die es für die Erfüllung jeder einzelnen Teilaufgabe benötigt. Nehmen Sie dafür einfach ein großes Blatt Papier und schreiben Sie die drei für die Durchführung des Projekts wichtigsten Dinge auf. Nehmen Sie Karteikarten um jeden einzelnen Schritt festzuhalten. So muss Ihr Kind sich immer auf nur eine Aufgabe konzentrieren.
- Seien Sie kreativ. Wie wäre es mit einem Basketballring über dem Wäschekorb?

5. Kapitel
Machen Sie Zeit und Übergänge zum Thema

Kinder müssen unbedingt lernen, die Zeit richtig einzuteilen. ADS-Kinder sind da keine Ausnahme. Tatsächlich müssen sie mit ihrer Zeit noch strikter umgehen, da sie sich rechtzeitig auf Übergänge vorbereiten müssen. Übergänge von einer Tätigkeit zu einer anderen sind für ADS-Kinder ziemlich beunruhigend, denn es fällt ihnen schwer, ihre Gedanken voll auf eine neue Handlung zu richten. Daher müssen diese Zeiten des Übergangs im Voraus geplant werden.

Besonders impulsive Kinder neigen dazu, in Übergangszeiten herumzutoben. Wenn Sie Ihren Tag planen, halten Sie unbedingt fest, wann eine Tätigkeit von einer anderen abgelöst wird, und sorgen Sie dann dafür, dem Kind genügend Raum zu geben, sich geistig und emotional darauf einzustellen, bevor es physisch von einer Tätigkeit zu einer anderen übergeht. »Warnen« Sie Ihr Kind einfach vor, beispielsweise indem Sie sagen: »In fünf Minuten steht das Essen auf dem

Tisch.« Vermutlich wird Ihr Kind mehr als eine Erinnerung brauchen. Denkbar ist auch, dass Sie beispielsweise immer zur Essenszeit ein bestimmtes Musikstück auflegen. Ihr Kind weiß dann, wann es Zeit ist, sich vom Spielen zu verabschieden und sich auf das Essen vorzubereiten. Die Musik wird zu seinem Zeichen für einen Übergang.

Es gibt noch eine andere Technik einen Übergang einzuleiten: Bewegung. Machen Sie Dehnübungen oder – wenn Ihr Kind noch kleiner ist – tanzen Sie in das Zimmer, in das Ihr Kind sich begeben soll. Musik und Bewegung lassen sich auch verbinden. Legen Sie einfach die Signalmusik fürs Aufräumen auf, wenn es Zeit für das Kind ist, sein Spiel wegzulegen und die nächste Tätigkeit zu beginnen.

Auch Gegenstände eignen sich als Signal für den anstehenden Wechsel. Sie können zum Beispiel einen Teddybären nehmen und ihn zu einem Zeit-für-einen-Wechsel-Bären ernennen und ihn dem Kind bei passender Gelegenheit als Signal überreichen. Möglich ist auch, dass Sie Ihrem Kind sagen, es soll dem Bären beibringen, innezuhalten, nachzudenken und dann die nächste Sache in Angriff zu nehmen. So unterstreichen Sie Ihren Wunsch, dass Ihr Kind mit seinem jetzigen Tun aufhört, überlegt und die nächste Sache angeht.

Es mag albern erscheinen, ein Stofftier dafür zu benutzen, aber für ADS-Kinder ist es eine wichtige Fertigkeit, wenn sie gelernt haben, von einer Sache zu einer anderen überzugehen. Die Schwierigkeit, den richtigen Übergang zu finden, plagt Menschen mit ADS noch, wenn sie schon erwachsen sind. Je eher sie daher lernen, diese Schwäche zu kompensieren, umso besser wird es ihnen später ergehen. Wir alle haben Schwächen und wir werden stärker und fähiger, wenn wir lernen, diese Schwächen auszugleichen. Es ist unbedingt nötig, dass Sie die Übergangszeiten auf Ihrem Kalender notieren, damit Sie Ihrem Kind helfen können, sich rechtzeitig auf diese Zeiten einzustellen.

Wenn Übergangszeiten nicht geplant werden, zerstören sie unter Umständen Ihre langfristige Planung, denn dann müssen Sie unnötig auf Wutausbrüche und Gefühlsaufwallungen reagieren. Ein heftiger Gefühlsausbruch kann dazu führen, die ganze Familie aus dem Lot geraten zu lassen. Für ADS-Kinder sind Übergangszeiten keine Kleinigkeit. Schauen Sie den Terminplan und den Tagesablauf Ihrer Familie und Ihres Kindes sorgfältig auf Übergangszeiten hin an.

ADS-Kinder müssen auch lernen, ihre langfristigen Ziele im Auge zu behalten. Manchmal verstricken Eltern und Kinder sich so sehr in das tägliche Einerlei, dass sie vergessen, ihren Kindern dabei zu helfen, langfristiger zu planen. Zeit lässt sich erst dann richtig einteilen, wenn Sie und Ihr Kind auch langfristige Ziele anpeilen. Ziele richten uns auf die Zukunft hin aus und führen uns über das reine Alltagsgeschäft hinaus. Untersuchungen haben gezeigt, dass Menschen, die sich Ziele stecken und sie verfolgen, glücklicher und ausgeglichener sind als der Durchschnitt.

Lehren Sie Ihr Kind früh, wie wichtig Ziele sind und wie man sie verfolgt. Ziele sollten konkret, messbar, erreichbar, realistisch und in einer bestimmten Zeitspanne zu verwirklichen sein.

Nachdem Sie mit Ihren Kindern über deren Ziele gesprochen haben, schreiben Sie diese auf größere Karteikarten und kleben Sie Bilder darauf. Ist das Kind noch klein, lassen Sie es auf die Rückseite der Karte ein Bild malen, das zeigt, wie es sich fühlen wird, wenn es sein Ziel erreicht hat. Auf diese Weise wird das Ziel für Ihr Kind real und es ist motiviert, das Ziel in Angriff zu nehmen. Alternativ könnten Sie Ihr Kind auffordern, die Augen zu schließen und sich vorzustellen, wie es sein Ziel erreicht.

Zerlegen Sie ein Ziel in machbare Einzelschritte, die sich in tägliche Aufgaben umsetzen lassen. Erstellen Sie dazu einen realistischen Zeitplan. Regen Sie Ihr Kind dazu an, sich auch für die Schule Ziele zu setzen. Damit erreichen Sie zweierlei. Die Schule wird spannender und ein Kind mit ADS wird sich besser konzentrieren können, wenn es ein Ziel hat und dieses realistisch genug ist, es auch erreichen zu können. Schulische Ziele sind dann erreichbar, wenn das Kind richtige Lerngewohnheiten entwickelt. Sorgen Sie dafür, dass es in Ihrem Haus einen ruhigen, gut beleuchteten Platz zum Lernen hat. Besorgen Sie für Ihr Kind ein Schild mit der Aufschrift »Bitte nicht stören«, das es in seiner Lernzeit an die Zimmertür hängen kann. Für Ihr Kind ist es wichtig zu bemerken, wie ernst Sie seine Bildung nehmen. Ermuntern Sie Ihr Kind, bei den Hausaufgaben aufrecht an einem Tisch oder Schreibtisch zu sitzen und es sich nicht in einem Sessel bequem zu machen oder auf dem Bett zu liegen.

Ziele werden Ihrem Kind auch helfen, Verantwortung zu übernehmen. Ermöglichen Sie es Ihrem Kind, für seine Zeiteinteilung so viel Verantwortung wie möglich zu übernehmen.

Kaufen Sie Ihrem Kind einen Wecker. Es gibt viele Wecker für Kinder, mit denen sie etwas Persönliches verbinden können. Stellen Sie die Weckzeit für Ihr Kind ein. Den Kleinen müssen Sie vermutlich etwas helfen, damit sie verstehen, dass das Klingeln des Weckers bedeutet, dass sie aufstehen sollen. Nach dem Aufstehen ist es gut, wenn Ihr Kind einer einfachen Morgenroutine folgt. Bei älteren Kindern stellen Sie den Wecker am besten weit weg vom Bett auf. So müssen sie aufstehen, um ihn abzustellen. Viele Wecker machen ein besonders lautes Geräusch, einige bewegen sich auch oder fliegen sogar. (Vgl. die Liste der nützlichen Hilfsmittel).

Wenn Sie mit Ihrem Kind den Tagesplan aufstellen, setzen Sie am besten mehr Zeit für die Hausaufgaben an, um auch Pausen einzuplanen. ADS-Kinder, die sich über einen längeren Zeitraum konzentrieren müssen, brauchen Unterbrechungen. Lassen Sie Ihr Kind zwischendurch, etwa fünf Minuten, ein bisschen turnen, ein Musikinstrument spielen oder mit dem Haustier spielen, um die Monotonie der Schulaufgaben zu durchbrechen. Entwerfen Sie für Ihr Kind eine Hausaufgabenroutine. Legen Sie dafür zu Beginn des Schuljahres alle alten Aufzeichnungen weg, damit Ihr Kind neu anfangen kann. Besorgen Sie ihm farbige Ordner: einen für Unterrichtsnotizen, einen für die Schulaufgaben und einen für die benoteten Arbeiten. Ältere Kinder werden für jedes Fach einen gesonderten Ordner benötigen. Dank dieser Ordner wird es Ihrem Kind leichtfallen, die kunterbunt in seine Schultasche gestopften Papiere und Hefte unmittelbar nach seiner Rückkehr zu ordnen.

Eine richtige Zeiteinteilung macht es erforderlich, dass Ihr Kind einen Taschenkalender hat. Er wird Ihrem Kind helfen, mit seiner Zeit richtig umzugehen. Kalender mit Faltblättern, Trennblättern und Terminkalendern sind ideal.

(Vgl. dazu die Liste der vorgeschlagenen Hilfsmittel am Ende des Buches.) Einige herkömmliche Kalender sind für ADS-Schüler zu eng beschriftet. Die Spalten sind für Einträge zu klein und die Kalender trennen Zeiträume nicht deutlich voneinander.

Für ADS-Schüler sind Kalender mit großen Spalten und vielen weißen Blättern ohne ablenkende Fotos oder Bilder sinnvoll. Der Taschenkalender braucht nicht unansehnlich zu sein, aber Verzierungen lenken ab. Ich empfehle Kalender, wie sie Lehrer oder andere Berufsgruppen verwenden. Betonen Sie, wie wichtig es ist, einen Kalender zu benutzen. Ihre Kinder sollten nur einen einzigen Kalender für die Schule, Freizeitaktivitäten und häusliche Tätigkeiten verwenden. Haben sie mehr als einen Kalender, kommt es leicht zu Überschneidungen, versäumten Terminen und Doppelbelegungen. Ähnliche Tätigkeiten lassen sich in einer bestimmten Farbe in den Kalender Ihres Kindes eintragen. Ihr Kind könnte Leuchtmarker oder Buntstifte nehmen, um schulische, häusliche und Freizeittermine zu unterscheiden.

Ein Kalender für jüngere Kinder sollte groß liniert sein, so dass sie einen Monat überschauen können und ihre wöchentlichen Aufgaben, nicht nur die täglichen, vor Augen haben. ADS-Kinder brauchen viel Platz in ihrem Kalender, um ihre Termine aufzuschreiben. Halten Kinder nur Tag für Tag fest, was sie zu erledigen haben, lernen sie nicht, das große Ganze zu erkennen. Der Kalender muss nicht bloß leicht zu benutzen sein, es ist auch sehr wichtig, dass Sie ihn täglich gemeinsam mit den Kindern kontrollieren, bis es für sie zur Routine oder zur Gewohnheit geworden ist, ihn ordentlich zu führen.

Wichtige Prüfungen und Projekte sollten im Kalender festgehalten werden. Regen Sie Ihr Kind dazu an, einen Lernplan aufzustellen, sobald der Termin für eine Klassenarbeit bekannt ist. Zeiten für das Lernen und für die Vorbereitung auf eine Klassenarbeit sollten von der Zeit für die Hausaufgaben getrennt und auch getrennt geplant und notiert werden. Gute Schüler wissen, wie wichtig es ist, sich genügend Zeit für das Lernen zu nehmen. Zeigen Sie Ihren Kindern, wie sie größere Schulprojekte, etwa längere Referate, in kleinere, leicht zu bewältigende Teile zerlegen können. Wenn sie zum Beispiel zwei Buchkapitel lesen müssen, ist es einfacher, die Kapitel in Abschnitte zu unterteilen und sie über die Woche verteilt zu lesen. Gut ist es auch, wenn die Kinder sich Notizen zu den Kapiteln machen. Und vergessen Sie nicht, Ihr Kind zu belohnen, wenn es mit seiner Zeit klug umgegangen ist.

Weitere Tipps

- Richten Sie in Ihrem Haus ein Zentrum für Zeiteinteilung und Lernen ein. Heften Sie Stundenpläne, Kalender, Termine für Tests, Ausflüge, Geburtstage und besondere Unterrichtsstunden an die Wand. Vermerken Sie auf dem Familienkalender und im Taschenkalender Ihres Kindes, wann neue Schulmaterialien (Bleistifte, Federhalter, Kreide usw.) besorgt werden müssen.
- Jedes Kind braucht einen Taschenkalender. Überlegen Sie, ob es möglicherweise gut wäre, einen elektronischen Kalender anzuschaffen. Aber vergessen Sie nicht, Ihr

Kind in seinen Gebrauch einzuführen und so lange mit ihm zu üben, bis es ihm zur Gewohnheit geworden ist, ihn zu nutzen.
- Kaufen oder erstellen Sie einen Familienkalender zum Aufhängen, so dass Ihr Kind erfährt, wie wichtig für alle der Umgang mit der Zeit ist und dass keiner in der Familie wichtiger als ein anderer ist.

6. Kapitel
Kümmern Sie sich um den schulischen Erfolg Ihres Kindes

Haben Sie die fünf Grundsätze des Organisierens umgesetzt, ist Ihr Kind allgemein mit Routinen vertraut und benutzt es gewohnheitsmäßig seinen Taschenkalender, dann können Sie beginnen, ihm Hilfestellung bei der Organisation seines schulischen Lebens zu geben. In der Grundschule ist es noch möglich, dass sich Kinder mit Organisationsschwierigkeiten irgendwie durchmogeln können, denn da sorgen vor allem Eltern und Lehrer für Strukturen. Doch spätestens in der weiterführenden Schule wird dann von den Schülern erwartet, dass sie selbst in der Lage sind, Ihre Termine und Aufgaben zu managen. Bei einigen Kindern ist das auch der Fall, aber viele sind dieser neuen Verantwortung erst einmal nicht gewachsen. Darum ist es von größter Bedeutung, dass Kinder und ADS-Schüler erst recht so früh wie möglich lernen, sich selbst zu organisieren und nicht bloß zu tun, was man ihnen sagt.

Sie können zunächst einmal damit beginnen, eine Routine für die Erledigung der Hausaufgaben zu schaffen. Ihr Kind sollte einen gut erleuchteten Platz haben, um zu lernen. Je nach Persönlichkeit ziehen Kinder es vor, an ihrem eigenen Schreibtisch zu arbeiten, aber einige sehr gesellige Kinder sitzen lieber am Küchentisch. Hilfreich kann es auch sein, wenn Sie Ihrem Kind einen kleinen Knetball oder andere verformbare Gegenstände geben, womit es Stress abbauen kann und sich anschließend wieder auf die Schulaufgaben konzentrieren kann. ADS-Kinder sollten generell an einem Platz sitzen, wo sie nicht so leicht abgelenkt werden. Beispielsweise sollten sie weder neben einem Fenster sitzen noch an einem Platz mit vielen Geräuschen von der Straße oder aus anderen Quellen. Ein eigenes ruhiges Zimmer ist hier sicher das Beste.

Beachten Sie, dass ein Kind mit ADS höchstens fünfzehn, allenfalls zwanzig Minuten still sitzen und sich konzentrieren kann.

Ein gut beleuchteter, bequemer Schreibtisch und eine eingeschliffene Schulaufgabenroutine werden sicherstellen, dass sich die Erledigung der Schulaufgaben nicht bis spät in den Abend hineinzieht. Für gewöhnlich rate ich Familien, eine bestimmte Zeit für die Hausaufgaben anzusetzen und sie jeden Tag einzuhalten. Wenn Ihr Kind weiß, dass zwischen 15:00 und 17:00 Uhr die Hausaufgaben gemacht werden, gewöhnt es sich daran, sie jeden Tag zur gleichen Zeit zu erledigen. An Tagen, an denen die Lehrer keine Aufgaben gestellt haben, kann das Kind die Zeit zum Lernen nutzen. Halten Sie Ihr Kind dazu an, kein Chaos auf seinem Schreibtisch entstehen zu lassen. Säubern Sie ihn gegebenenfalls selber. Ein Schwarzes Brett in der Nähe des Schreibtischs erinnert Ihr Kind an Dinge, die es gern vergisst.

Hilfreich ist zudem, wenn die ganze Familie in der vereinbarten Lern- oder Ruhezeit sich mit Lernen, Lesen oder einer anderen stillen Arbeit beschäftigt. Auf dem Schreibtisch des Kindes sollten keine Papiere liegen, die nichts mit der Schule zu tun haben. Alle Lernmaterialien des Kindes – Füllfederhalter, Bleistifte, Zirkel, Taschenrechner etc. – sollten ordentlich auf seinem Schreibtisch liegen. Hat Ihr Kind keinen eigenen Schreibtisch, nehmen Sie eine Kiste für diese Gegenstände. Jüngeren Geschwistern, die keine Schulaufgaben zu erledigen haben oder sehr schnell damit fertig sind, geben Sie Malbücher oder Lernspielzeug. So ist jeder in der Familie für eine bestimmte Zeit still für sich beschäftigt.

Ich empfehle Eltern, ergänzende Schulbücher für ihre Kinder anzuschaffen, die den Schulstoff in einer weiterführenden Art behandeln. Legen Sie Ihren Kindern außerdem nahe, ihre Schulaufgaben kurz zu unterbrechen, um eine kleine, gesunde Mahlzeit wie Müsli, Nüsse oder Obst zu essen, das bringt neue Energie fürs Lernen.

Viele Eltern fragen sich, wie viel Hilfe sie ihren Kindern bei den Schulaufgaben geben sollen. Wir Eltern sind eine Art Trainer. Wenn die Kinder uns nicht ausdrücklich um Hilfe bitten, sollten wir uns nicht aufdrängen und einfach dafür sorgen, dass sie alles haben, was sie brauchen. Wenn uns das Kind um Hilfe bittet, können wir natürlich helfen, aber immer nur so viel wie nötig. Wichtig ist, dass Ihr Kind seine Hausaufgaben selbstverantwortlich macht und Sie ihm nicht zu viel abnehmen. Versteht Ihr Kind eine Aufgabe überhaupt nicht, dann ist vielleicht ein Gespräch mit dem Lehrer sinnvoll. Vielleicht braucht es auch Nachhilfe. Manchmal glauben wir, dass unsere Kinder die Schulaufgaben nicht verstehen, dabei begreifen sie nur die Aufgabenstellung nicht. Lesen Sie die Aufgabenstellung gemeinsam mit Ihrem Kind durch, bevor es sich an die Hausaufgaben setzt. Sagen Sie ihm, es solle sich bildlich vorstellen, wozu die Anleitungen es auffordern. Soll Ihr Kind beispielsweise die Reimwörter einkreisen, lassen Sie es an einen Kreis denken und es ihn ruhig auch in die Luft zeichnen, bevor es sich an die Arbeit macht.

Das stille Sitzen bei den Hausaufgaben sollte auch durch körperliche Aktivitäten ausgeglichen werden. Sobald Ihr Kind seine Aufgaben erledigt hat, gehen Sie mit ihm auf den Spielplatz, spielen Ball mit ihm oder gehen mit ihm ins Schwimmbad. Es wird die Belohnung schätzen und verstehen, dass harte Arbeit sich auszahlt. Sorgen Sie außerdem dafür, dass Ihr Kind sich zwischendurch immer mal wieder dehnt und streckt. Generell ist eine kleine Bewegungseinheit alle 15 Minuten sinnvoll, vielleicht ein bisschen Tanzen mit Musik oder ein paar Gymnastikübungen. Nach zehn Minuten Pause können Sie Ihr Kind anleiten, tief durchzuatmen oder eine Entspannungsübung zu machen, bevor es sich an die nächste Schulaufgabe setzt.

Einige Grundschulkinder meinen, sie könnten ihre Schulaufgaben am besten auf dem Boden oder auf dem Bett liegend machen. Das ist nicht gut, denn die Körperhaltung ist für die Konzentration wichtig. Tatsächlich beenden sie ihre Hausaufgaben schneller und sind aufmerksamer, wenn sie aufrecht sitzen. Natürlich werden die Kinder anderer Meinung sein. Doch wenn Sie sie auffordern, es mal eine

Woche so zu machen, wie Sie es wünschen, lassen sie sich sicher davon überzeugen, dass es so besser ist. Verbinden Sie diese Weise zu arbeiten noch mit anderen Ideen. Spielen Sie beispielsweise während der Lernzeiten leichte Barockmusik. Vor allem Bach, Händel, Vivaldi und Corelli helfen bei der Konzentration, denn wie Forschungen ergeben haben, stabilisiert der Takt der Barockmusik mit seinen 50 bis 80 Schlägen pro Minute unsere geistigen, körperlichen und emotionalen Abläufe. Leihen Sie sich ein paar Musikstücke aus der Bibliothek aus, bevor Sie Geld für einen bestimmten Musiker ausgeben.

Arbeits- und Notizblätter zu ordnen kann verflixt schwierig sein. In der Grundschule und den ersten Jahren auf der weiterführenden Schule werden meistens Hefte verwendet, aber mit zunehmendem Alter bieten sich Notizblöcke an. Die Notizen können dann in Ringordnern abgelegt werden. Erlauben Sie Ihrem Kind, die Vorderseite des Ordners nach eigenen Vorlieben zu gestalten. Wählen Sie für die Notizblöcke Ihres Kindes dieselbe Farbe wie für seine Ordner. Die Notizen aus der Schule können dann in den Ordnern sortiert werden. Schüler der gymnasialen Oberstufe brauchen für jedes Fach einen eigenen Ordner. Durch Trennblätter lassen sich Unterrichtsmitschriften, Hausaufgaben, benotete Arbeiten und Notizen (z. B. mathematische Formeln oder grammatische Regeln von Fremdsprachen) säuberlich ordnen. Es bietet sich an, dass das Kind einen Locher in seiner Schultasche hat. So kann es sofort die Arbeitsblätter lochen und in den richtigen Ordner heften.

Denken Sie daran, die Aufbewahrungsmöglichkeiten zu Hause mit dem Schuljahr zu koordinieren. Es ist gut, wenn es zu Hause einen Platz gibt, an dem nach dem abgeschlossenen Schuljahr die Unterlagen untergebracht werden können. Entscheidend ist, dass Ihr Kind die Ordnungsaufgaben prompt erfüllt und sich keine wirre Blättersammlung in der Schultasche befindet.

Um Ihrem Kind eine Übersicht zu geben, ist es sinnvoll, am ersten Schultag des neuen Halbjahres den Stundenplan zu kopieren und in der Schultasche zu befestigen. Ältere Kinder kümmern sich dann selbst darum. Legen Sie auch Studierpläne in den Taschenkalender Ihres Kindes. (Vgl. die Vorlagen am Ende des Buches.)

Es wäre gut, wenn die meisten Schulaufgaben von einer Übung begleitet würden, die verschiedene Sinne anspricht. Wenn Ihr Kind Wörter buchstabieren muss, lassen Sie es die Wörter zunächst in die Luft schreiben, bevor es sich hinsetzt und das Arbeitsblatt durchgeht. Bewegung bringt das Gehirn in Schwung, daher ist es gut, Bewegung und Schulaufgaben zu verbinden. Bevor es sich an seine Mathematikaufgabe macht, lassen Sie Ihr Kind einen Ball prellen und dabei addieren. Auf die Bewegung darf auch ruhig eine Entspannungsübung folgen. Fordern Sie Ihr Kind auf, tief zu atmen, nicht bloß in die Lungen, wie die meisten von uns es tun, sondern bis ins Zwerchfell. Dabei kann Ihr Kind seine Hand auf seinen Bauchnabel legen: Beim Einatmen dehnt sich sein Bauch aus und beim Ausatmen zieht er sich zusammen. Das sollte Ihr Kind fünfmal wiederholen und dabei etwas Zuversichtliches sagen, zum Beispiel: »Die Hausaufgaben sind leicht für mich. Ich erledige sie schnell, sauber und vollständig.« Dann ist Ihr Kind geistig und körperlich bereit, sich auf die Schularbeiten zu konzentrieren.

Die Schule ist nur ein Bereich, in dem Kinder beweisen müssen, dass sie ihre Aufgaben organisieren können. Im nächsten Kapitel werden wir uns besonders mit der Umgebung des Kindes beschäftigen, denn eine aufgeräumte Umgebung ist für aufgeräumte Gedanken unerlässlich.

Weitere Tipps

- Richten Sie für ältere Kinder einen Aktenschrank ein. Legen Sie die Unterrichtsmitschriften nach der jeweiligen Klasse ab. Ein Ordner sollte Tests oder Notizen enthalten, die für die Endprüfung nützlich sein könnten.
- Schreiben Sie in einem besonderen Heft auf, welche Bildungsziele sich jedes Familienmitglied setzt. Sprechen Sie monatlich oder vierteljährlich darüber. Das motiviert Schüler, ihre Ziele zu erreichen. Regen Sie Ihr Kind an, solche Gespräche auch mit seinen Freunden zu führen.

7. Kapitel
Eine ordentliche Umgebung – Nehmen Sie das Zimmer Ihres Kindes in Angriff

Einer der wichtigsten Bereiche, in dem Ihr Kind Ordnung braucht, ist seine unmittelbare Umgebung. Die Ordnung im Kinderzimmer kann zum größten Zankapfel werden, denn Ihr Kind möchte darin seine Persönlichkeit ausleben, während wir Eltern es aufgeräumt sehen wollen.

Vergessen Sie nicht, dass es für Kinder auch wichtig ist, sich von den Eltern abzugrenzen. Daher ist es auch kein Wunder, dass das eigene Zimmer des Kindes zum Schauplatz heftiger Auseinandersetzungen wird. Das Zimmer spiegelt die Persönlichkeit und Individualität des Kindes. Es ist der Ort in seiner kleinen Welt, wo es ganz ungestört sein kann. Wo Sie vielleicht nur Chaos sehen, sieht das Kind sein Zuhause. Damit will ich nicht sagen, dass Kinder Ordnung nicht mögen, sie tun es durchaus, aber sie schätzen nicht unbedingt eine Ordnung, die ihnen auf eine Weise aufgezwungen wird, die sie nicht als Individuen respektiert.

Eine wesentliche Frage ist immer die, wie Eltern »sauber« definieren. Sie könnten sich mit Ihrem Kind zusammensetzen und festlegen, was sie beide unter »sauber« verstehen und womit sie beide leben können. Das mag trivial klingen, aber vieles, was Sie am Zimmer Ihres Kindes als unordentlich empfinden, mag seine Ursache in unterschiedlichen Definitionen des Begriffs Sauberkeit haben. Vielleicht ist einiges von dem, was Sie als Chaos betrachten, ein Teil der Persönlichkeit Ihres Kindes, die man respektieren sollte. Liebt Ihr Kind es beispielsweise, über ein paar Wochen ein Puzzle zu legen, und ist der Boden der einzige Ort, an dem es genügend Platz dazu hat, dann wird es unweigerlich zum Konflikt kommen, wenn Sie möchten, dass der Boden frei bleibt. Verringern Sie das Konfliktpotenzial, indem Sie mit Ihrem Kind darüber reden, warum es so chaotisch aussieht. Werfen Sie Ihrem Kind nicht vorschnell vor, es sei faul oder gleichgültig.

Jüngere Kinder sind vielleicht einfach nur von der Menge ihres Spielzeugs und ihrer Besitztümer überwältigt. Sie brauchen tatsächlich Hilfe beim Aufräumen oder dabei, ein System für das Aufräumen zu entwickeln. Bieten Sie dann von sich aus Hilfe an. Nehmen Sie die Sache nicht völlig in die Hand, sorgen Sie nur für die nötige Begleitung. Ermuntern Sie Ihr Kind, sein Zimmer zu entrümpeln. Allerdings ist es nicht so einfach, ein ADS-Kind dazu zu bewegen, Kram wegzuwerfen. ADS-Kinder neigen zum Horten. Es fällt ihnen schwer, zwischen Sein und Haben zu unterscheiden. Sie finden es auch schwer, Dinge mit anderen zu teilen, weil sie das Bedürfnis haben, sich einzigartig zu fühlen, und das manchmal über Ihre Sammlungen und Gegenstände zum Ausdruck bringen. Andererseits gehört es auch einfach zur Kindheit dazu, alles Mögliche zu sammeln, sogar Joghurtlöffel aus Plastik oder stumpfe Bleistiftstummel. Natürlich werden auch CDs, Zeitschriften, Bastelarbeiten, Comichefte, Computerspiele und Bücher gesammelt. Diese Gegenstände sind für Ihre Kinder mit Erinnerungen verbunden und sie tragen dazu bei, dass sich Ihre Kinder zu Individuen mit eigenen Interessen entwickeln. Achten Sie darauf, diese für Ihr Kind kostbaren Sammlungen nicht als Müll und nutzlos zu bezeichnen.

Wir können nicht einfach das Zimmer unseres Kindes betreten und es nach unseren Vorstellungen gestalten. Es sollte ein Spiegelbild der Persönlichkeit des Kindes sein und daher ist wichtig, dass es vorrangig für Ihr Kind zweckmäßig ist. Letztlich muss das Zimmer ein Platz sein, mit dem Sie beide leben können, aber Ihr Kind muss sich darin wirklich geborgen fühlen. Ich höre Sie schon sagen: Aber wenn das Zimmer nun eine völlige Katastrophe ist? Dann müssen Sie natürlich einschreiten, aber verständnisvoll und mit Respekt vor Ihrem Kind.

Nachdem Sie mit Ihrem Kind gesprochen haben, sollten Sie zunächst eine Zeit festsetzen, zu der sie gemeinsam die Aufgabe des Ausmistens anpacken. Gehen Sie mit drei großen Mülltüten in das Zimmer. Eine für die Sachen, die wegzuräumen sind, eine zweite für alles, was weggegeben werden kann, und eine dritte für die Sachen, die wirklich in den Müll können. Fragen Sie Ihr Kind bei jedem Gegenstand, der aussortiert oder ausgemistet werden kann, in welchen

Müllsack dieser Gegenstand gehören soll. Teilen sich Kinder ein Zimmer, sollten Sie natürlich beide einbeziehen.

Für jüngere Kinder eignen sich Kartons besser, denn dann sehen sie gut, was in jedem der Kartons landet.

Diese Vorgehensweise zeigt Ihren Kindern auch, dass Sie ihre Entscheidungen anerkennen, denn das Kind kann leicht einen Gegenstand wieder herausholen, wenn es seine Meinung ändert. Ein Kind sollte das Recht haben, seine Meinung zu ändern, und ein offener Karton macht im Gegensatz zu einem geschlossenen Müllsack einen großen Unterschied für das Kind. Es ist ein Zeichen von Anerkennung.

Denkbar wäre auch vorzuschlagen, dass die Kinder eine bestimmte Anzahl von Gegenständen in jeden einzelnen Karton legen. So haben sie nicht das Gefühl, alles verteidigen zu müssen. Manchmal hilft es, einen Karton zu haben, in den Sachen kommen, die nicht weggeworfen werden sollen, für die aber auch kein Platz im Kinderzimmer ist. Stellen Sie diesen Karton in die Garage oder in den Keller und stimmen Sie zu, ihn nach sechs Monaten noch mal durchzuschauen. Wahrscheinlich wird Ihr Kind sich nach den sechs Monaten vom Inhalt des Kartons trennen, weil es ohnehin nicht mehr an ihn denkt.

Kinder trennen sich leichter von ihren Sachen, wenn sie für einen guten Zweck hergegeben werden, zum Beispiel für die Kinder von befreundeten Familien oder für Wohltätigkeitsbasare. Ich versuche immer, den Empfängern der Dinge ein Gesicht zu geben. Beispielsweise haben wir einmal Spielzeug für behinderte Kinder gespendet. Vorher haben wir Bücher über behinderte Menschen gelesen, und ich habe meiner Tochter das Flugblatt der Organisation gezeigt. So hat sie mit Freude ihre Sachen weggegeben.

Bitte seien Sie insgesamt aber nicht zu streng beim Thema Zimmeraufräumen. Die Beziehung zu Ihrem Kind ist wichtiger als ein ordentliches Zimmer. Man gerät ganz leicht in die Falle, aus dem Zimmeraufräumen einen Machtkampf zu machen. Seien Sie bereit nachzugeben und erlauben Sie Ihrem Kind, einige Dinge, die Sie als wertloses Zeug betrachten, zu behalten.

Nachdem Sie entrümpelt haben, gehen Sie zum zweiten Schritt über. Teilen Sie den Raum in vier Teile oder Tätigkeitsbereiche ein. Diese geben an, wo welche Aktivitäten im Zimmer stattfinden sollen. Selbstverständlich werden die vier Teile nicht gleich groß sein, denn einige Zimmer sind unregelmäßiger geschnitten als andere oder haben Hindernisse, die eine gleichmäßige Aufteilung nicht zulassen. Danach entscheiden Sie, welche vier Haupttätigkeiten im Zimmer stattfinden: etwa spielen, lesen, Hausaufgaben machen, Unterhaltung (Fernsehen oder Musik hören) und schlafen. In einem Teil können auch zwei Tätigkeiten stattfinden. Legen Sie fest, was sich in welchem Teil abspielen soll, indem Sie beobachten, was die Kinder in ihrem Zimmer tun, oder indem Sie sie einfach fragen.

Ein weiteres Thema beim Zimmeraufräumen ist das Sortieren der Kleidung. Schauen Sie nach, ob Ihr Kind die schmutzigen Sachen in die Wäsche und die sauberen in den Kleiderschrank packt. Ich wundere mich ständig über die Menge sauberer Wäsche im Zimmer von Kindern, die es nach dem Waschtag nie in die Kommode geschafft hat, einfach weil sie wieder unter die schmutzige Wäsche geraten ist.

Um dieses Problem aus der Welt zu schaffen, bietet es sich an, Gutscheine für das unmittelbare Einräumen der Wäsche zu vergeben, die aber nur kurze Zeit gültig sind. Das Kind muss dann alle seine sauberen Kleider aus dem Wäschekorb nehmen, um den Gutschein zu finden. Die befristete Gültigkeit sorgt dafür, dass die Aufgabe schnell erledigt wird. Ihr Kind muss nur einmal leer ausgehen, weil der Gutschein verfallen ist, und schon ist es motiviert, seine Wäsche rechtzeitig im Schrank unterzubringen.

Nach jedem erledigten Auftrag sagen Sie Ihrem Kind, nun muss es etwas Neues in Angriff nehmen, z. B. die Spielsachen aufheben. Hat es die Spielsachen an ihren Platz gelegt, gehen Sie zur nächsten Aufgabe über. Tun Sie es auf diese Weise, nämlich langsam und nach und nach, fühlt sich Ihr Kind nicht erdrückt und versteht leicht, was Sie von ihm fordern. Möglicherweise wird sich Ihr ADS-Kind, nachdem es alle Bücher aufgehoben hat, wieder an Sie wenden, und Sie müssen die Aufgabe weiter unterteilen, indem Sie es auffordern, die Bücher zu sortieren, je nachdem ob es sich um Schul-, Bibliotheks- oder Familienbücher handelt. Loben Sie Ihr Kind für jeden einzelnen Schritt des Vorgangs. Nachdem jeder Gegenstand an seinem Platz ist, ermuntern Sie Ihr Kind sicherzustellen, dass alles in seinem richtigen Bereich ist. Bettzeug sollte sich etwa nicht im Hausaufgabenbereich befinden. Für jüngere Kinder müssen Sie vielleicht zunächst die Bereiche kennzeichnen, etwa durch Bilder. Ältere Kinder, die schon ein eigenes System entwickelt haben, sind allein schon dadurch motiviert, dass sie das System selbst gewählt haben. Sorgen Sie dafür, dass die Zeit zum Aufräumen in die Kalender der Kinder eingetragen wird.

Kinderkleidung lässt sich am besten am Waschtag sortieren. Im Allgemeinen finden sich die von Ihren Kindern geliebten Kleidungsstücke in der Wäsche, so ist es leicht, die restlichen Sachen durchzusehen. Ich habe immer einen Karton neben der Waschmaschine stehen, und wenn ich ein zu klein gewordenes Kleidungsstück sehe, wandert es in den Karton und dann in den Sack für die Kleidersammlung. Die Kleider meiner Töchter habe ich immer an die nächstjüngere weitergegeben, indem ich in Kartons für Sommer-, Winter- und Übergangssachen alle die Kleider gelegt habe, aus denen ein Kind herausgewachsen war. Bevor ich die Kartons im Keller verstaute, habe ich Sie ordentlich beschriftet. Eine Mutter hat mir mal erzählt, sie lege einen Streifen Pfefferminzkaugummi in die Säcke, so riechen die Kleider frisch und bleiben von Motten verschont.

Ich verwende Kartons für alle möglichen Sachen. Ich beschrifte Sie mit einem Buchstaben und einer Zahl und verzeichne dann ihren Inhalt in meinem Notebook. Ich könnte etwa A-1 für meine Erinnerungskiste schreiben und dann in meinem Notebook alles darin Enthaltene auflisten. In wachsenden Familien ist Stauplatz immer ein großes Problem. Ziehen Sie erst mal alle Möglichkeiten in Betracht, wie Sie mehr Stauplatz schaffen können, bevor Sie Ihr Haus völlig umkrempeln. Vielleicht lässt sich einiges unter den Möbeln unterbringen. Wenn Sie das Bett erhöhen, haben Sie darunter mehr Stauraum. Auch bestimmte Arten von Sofas lassen sich aufbocken.

Lassen Sie sich was einfallen. Denken Sie nicht in den üblichen Bahnen. Schuhbeutel zum Aufhängen sind hervorragend, um darin kleine Spielsachen, Halstücher und anderen Kleinkram Ihrer Kinder unterzubringen. Hängende Blumentöpfe in der Küche eignen sich für Früchte oder andere schwere Dinge. Seien Sie phantasievoll. Bringen Sie Sachen über Türen, in Schubkästen, ja überall dort unter, wo Sie Platz finden.

Beschäftigen Sie sich, soweit es möglich ist, mit allem nur einmal. Das schließt die Post, verschmutzte Socken, Haushaltsarbeiten und Notizen ein – ja nahezu alles. Unentschlossenheit ist der Grund für eine Menge Chaos. Organisieren Sie die Dinge dort, wo sie gebraucht werden. Wenn Sie gern abends im Sessel lesen, sorgen Sie dafür, dass ein Bücherbord oder ein Korb in der Nähe ist. Wenn nötig, verteilen Sie Arbeitsplätze über das Haus. Es könnte beispielsweise von Nutzen sein, mehr als einen Wickeltisch im Haus zu haben: einen im unteren, einen im oberen Stockwerk. Fragen Sie sich, was für Ihre Familie am besten funktioniert.

Weitere Tipps

- Überlegen Sie, ob Sie nicht die besten Kunstwerke und Arbeitsblätter der jüngeren Kinder einmal wöchentlich entweder in Ihrem Zimmer oder im Lernbereich an ein Schwarzes Brett hängen. Bei der Gelegenheit können Sie dann gleich alle Blätter durchgehen und entscheiden, was abgeheftet werden muss und was weggeworfen werden kann.
- Entwerfen Sie einen »Säuberungsplan«, also eine Karte, die zeigt, wo die einzelnen Dinge hingehören. Verzeichnen Sie auf der Karte die Sammlerstücke, Trophäen,

Stofftiere, Puppenzubehör, CDs, Federhalter und Buntstifte und den Wäschekorb. Kleben Sie die Karte auf die Innenseite einer Schranktür, so dass Ihr Kind Sie oft benutzen kann.
- Legen Sie Belohnungen fest. Für einen Monat das Zimmer säubern erhöhen Sie das Taschengeld oder laden Sie Ihre Kinder zum Eisessen ein oder kaufen Sie ihnen eine Musik-CD oder eine DVD.
- Ermuntern Sie Ihr Kind, die nicht mehr gebrauchten, unerwünschten und nicht geschätzten Gegenstände in seinem Zimmer rauszuwerfen. Ermuntern Sie es, aber werfen Sie selbst nichts ohne seine Zustimmung weg.

8. Kapitel
Der Weg zur Eigenständigkeit

Aussprechen will es niemand, aber was Eltern von ADS-Kindern am meisten fürchten, ist, dass ihr Kind niemals ganz auf eigenen Beinen stehen können wird. Die Befürchtung hängt wie eine dunkle Wolke über den Eltern und jedes Mal, wenn ein Schuh verloren gegangen ist, eine Schularbeit verschwunden ist oder ein heftiger Gefühlsausbruch stattgefunden hat, wird sie wieder akut. Der Gedanke quält uns: Wird es je fähig sein, allein zu leben?

ADS-Kinder haben viele Stärken. Sie sind sehr kreativ und fähig, sich so lange mit einem Problem zu beschäftigen, bis sie eine Lösung gefunden haben. Unsere Kinder müssen sich, wie wir auch, ihrer Schwächen bewusst sein und sich darauf vorbereiten, dass einige typische Probleme, darunter solche der Zeiteinteilung und der Organisation, unvermeidlich wieder auftreten. Sie müssen auf Übergangszeiten achten, stets ihren Kalender heranziehen und praktische Tricks anwenden, um nicht den Überblick zu verlieren.

ADS-Kinder haben zwei Hauptprobleme mit der Zeiteinteilung. Eines davon haben wir schon kurz im 5. Kapitel erörtert: das Vollziehen von Übergängen. Von einer Tätigkeit zu einer anderen zu wechseln und sich auf die neue Tätigkeit zu konzentrieren, ist eine Fähigkeit, die zu beherrschen nicht leicht ist. Wenn wir uns einer neuen Tätigkeit zuwenden oder den Ort wechseln, ist unser Kopf im Allgemeinen mit dem Wechsel beschäftigt, unsere Aufmerksamkeit ist zwischen dem Alten und dem Neuen gespalten und wir verfangen uns im Augenblick. In Übergangszeiten neigen wir dazu, unsere Schlüssel zu verlegen oder zu vergessen, warum wir in dieses Zimmer gegangen sind.

Für ADS-Kinder sind diese Übergänge doppelt so schwierig, weil ihre Aufmerksamkeit so schnell abgelenkt wird. Wichtig ist, dass ein ADS-Kind solche Übergangszeiten erkennen kann. In der Grundschule bereiten gute Lehrer ihre Schüler auf solche Übergänge vor. Sie knipsen das Licht an und aus oder machen ein Handzeichen, damit die Kinder wissen, jetzt steht ein Wechsel bevor. Jetzt kommt ein neues Thema oder eine neue Aufgabe. Wie schon früher vorgeschlagen, können Sie Musik oder Singen einsetzen, um Ihr Kind auf eine neue Tätigkeit einzustellen. Aber was geschieht, wenn Sie nicht da sind, um den anstehenden Übergang durch ein Zeichen ankündigen zu können?

ADS-Kinder müssen lernen, sich ihren Terminplan genau anzuschauen und ihre Übergangszeiten zu identifizieren, etwa den Schulschluss und die einzupackenden Bücher, Ortswechsel usw. Diese Zeiten sollten in ihrem Taschenkalender notiert werden.

Von ADS-Kindern weiß man, dass sie überkonzentriert sein können. Sie können sich so sehr in eine Tätigkeit versenken, dass sie gar nicht merken, wie die Zeit vergeht. Das geschieht besonders häufig, wenn es sich um eine angenehme Tätigkeit handelt. Überkonzentration hat ihre Vorteile, aber dennoch muss das Kind wissen, wann es dazu neigt, durch seine intensive Beschäftigung mit einer Sache einen anderen wichtigen Termin zu vergessen. Wecker, insbesondere solche mit einem großen Ziffernblatt, sind hier sehr hilfreich, denn sie lassen das Kind sehen, wie die Zeit vergeht.

Tägliche Terminplanungen sind unerlässlich. ADS-Kinder lernen am besten, wenn sie den Tagesablauf auch optisch veranschaulicht vor Augen haben. Ich habe bei meiner Arbeit mit ADS-Kindern erlebt, dass sie eine Art Aha-Erlebnis haben, wenn der ganze Terminplan vor ihnen ausgebreitet ist. Taschenkalender sind für sie das A und O. Er ist ein wesentliches Hilfsmittel, das es dem Kind ermöglicht, den Alltag eigenständig zu meistern. In seinem Kalender kann es auch die Übergänge planen. Denken Sie dran, Ihrem Kind bei der Benutzung des Kalenders zu helfen und diesen auf seine Bedürfnisse zuzuschneiden. Um Ihrem Kind zu helfen, regen Sie es an, neben die zu erledigende Aufgabe die dafür geschätzte Zeit in den Kalender zu schreiben. Ein Eintrag könnte dann so aussehen: Hausaufgaben (45 Minuten). Der Gebrauch eines Kalenders hilft dem Kind, sich seinen Terminplan lebhaft vor Augen zu führen.

Der von Ihnen ausgewählte Kalender sollte es ermöglichen, eine Woche zu überblicken, damit Ihr Kind ohne Schwierigkeiten mehr als ein Ereignis oder einen Abgabetermin in die jeweilige Datumsspalte eintragen kann. Viele

Schüler lieben es zwar, elektronische Kalender zu benutzen, aber ich bin insofern konservativ, als ich ADS/ADHS-Schülern wärmstens Papierkalender empfehle, jedenfalls so lange, wie sie noch Probleme mit Zeitplanung und -einteilung haben. Elektronische Geräte zeigen nämlich selten eine ganze Woche mit allen deutlich verzeichneten Verpflichtungen auf einen Blick. Mein Handcomputer weist mich durch ein Sternchen auf ein vorgesehenes Ereignis an einem bestimmten Tag hin, aber er teilt mir nicht mit, um welche Verpflichtung es sich dabei handelt, und er ist auch keine große Hilfe bei der Planung. Mein Handcomputer ist ein gutes Organisations-, aber kein Planungsmittel.

Wenn Ihr Kind einen Taschenkalender erhält, fordern Sie es auf, sämtliche Verpflichtungen einzutragen, danach überprüfen Sie die Termine. Hat es auch das Basketballtraining eingetragen? Die Proben für die Schulaufführung? Zeit, den Hund auszuführen, den es unbedingt haben wollte? Die bildliche Darstellung hilft ihm, praktischer zu planen. Ältere Kinder verstehen schließlich, dass sich in eine Zeitspanne, wenn sie ausgefüllt ist, nicht noch mehr hineinpressen lässt. Auch die Zubett- und Aufstehzeiten sollten verzeichnet sein. Denn besonders ADS-Kinder neigen dazu, bei ihren Aktivitäten kein Ende zu finden. Die Folge ist oft, dass sie sich komplett erschöpfen.

ADS-Kinder müssen in ihrer täglichen Terminplanung nicht nur die Übergänge, sondern auch die Vorbereitungszeit bedenken. Es reicht nicht, wenn Ihr Kind nur die Zeit für die Schulaufgaben einplant. Es muss auch die Zeit beachten, die es braucht, um alles für den nächsten Schultag bereitzulegen.

Sich an alles zu erinnern stellt ADS-Kinder generell vor eine Herausforderung. Darum ist es auch so wichtig, dass sie schulische, häusliche und außerschulische Verpflichtungen nur in einen einzigen Kalender eintragen. Sobald sie das beherrschen, werden sie imstande sein, ihre Zeit realistisch zu planen und dabei auch nicht zu vergessen, die Zeit anzugeben, die sie für die Vorbereitung brauchen. Von größter Bedeutung ist dabei, dass Ihr Kind auf seinen Kalender schaut und sieht, wann es sich auf einen Wechsel einzustellen hat.

Schließlich müssen ADS-Kinder lernen, wie sie bei der Sache bleiben können. Sehr wirkungsvoll ist, das Kind aufzufordern, sich laut vorzusagen, was es gerade tut. So wird es nicht abgelenkt. Ein Beispiel: Macht es sich, nachdem es kontrolliert hat, ob es auch alles gemäß der Morgenroutine erledigt hat, für die Schule fertig, sagt es sich laut: »Ich hole jetzt meine Schultasche.« Das kann es sich ein paarmal vorsagen, um nicht abgelenkt zu werden. Das Kind sollte immer positive, selbstbekräftigende Sätze äußern. In der Schule oder in anderen sozialen Umgebungen ist das natürlich kein Mittel, aber das Kind kann dann immer noch lautlos vor sich hin murmeln, vor allem wenn ein Situationswechsel ansteht.

Erfahrungen zeigen, dass der Geruch von Pfefferminze und Zitrone die Konzentration fördert. Vielleicht probieren Sie es mal aus? Lassen Sie Ihr Kind an Pfefferminze riechen oder ein Pfefferminzbonbon lutschen, bevor es sich an die Hausaufgaben setzt. Vielleicht hilft auch ein angenehmer Zitrusduft im Raum. Einige Lehrer berichten davon, dass es für ADS-Kinder beruhigend und konzentrationsfördernd sein kann, wenn sie über eine bestimmte Oberfläche streichen können, zum Beispiel über ein Stück Klettband, das unter die Schulbank geklebt wurde. Auch hier geht es darum, es einfach mal auszuprobieren. Vielleicht muss man auch verschiedene Gerüche und Oberflächen testen, bevor man das Richtige gefunden hat. Tiefes Atmen trägt auch zum Ruhigerwerden bei. Ihr Kind sollte lernen, vor Examina oder in Zeiten, in denen es sich konzentrieren muss, tief ins Zwerchfell hineinzuatmen.

Langeweile ist ein anderes Problem, mit dem ADS-Kinder lernen müssen umzugehen. Wie Blake Taylor, der als Jugendlicher das Buch *ADHD and Me* verfasst hat, berichtet, wurde seine Überdrehtheit immer durch Langeweile ausgelöst. Ermuntern Sie Ihr Kind, systematisch Sport oder andere Aktivitäten zu betreiben. Gelangweiltsein ist ein Symptom, das Kinder erkennen und auf das sie reagieren können, bevor ihre Überdrehtheit sie in Schwierigkeiten bringt. Für unvermeidliche Zeiten von Langeweile sollten Eltern stets Materialien zum Malen, Basteln, Modell- oder Drachenbau bereithalten. Auch durch sorgfältige Planung lässt sich der Langeweile entgegenwirken. Sogar das Einplanen von freier Zeit, um einfach nur dazusitzen und nachzudenken, kann Überdrehtheit verhindern. Denn dann tut das Kind etwas Geplantes, selbst wenn dieses aus Stillsitzen besteht.

ADS-Kinder sollten sich auch darin üben, ihre Frustrationstoleranz zu erhöhen.

ADS-Kinder sind für ihre Ungeduld und ihre heftigen Reaktionen und Widerstände bekannt, wenn sie nicht sofort bekommen, was sie sich wünschen (je nachdem, an welchem Typ von ADS sie leiden). Aber auch Frustrationstoleranz kann man lernen. Zum Beispiel können Sie, während Ihr Kind auf etwas wartet und ungeduldig wird, eine Stoppuhr verwenden und Ihr Kind immer ein bisschen länger warten lassen. Das hört sich vielleicht hart an, ist aber bestimmt keine Bestrafung. Sie helfen vielmehr Ihrem Kind zu erkennen, dass es in der Lage ist, länger auf etwas zu warten, als es glaubt. Und das stärkt nach einiger Übung sein Selbstwertgefühl. Und das zahlt sich für das ganze Leben aus.

Wichtig zu wissen ist ebenfalls, dass es ein Mythos ist, dass ADS im Erwachsenenalter immer verschwunden ist. Etwa ein Drittel der ADS-Betroffenen leidet auch noch im Erwachsenenalter darunter. Erwachsene mit ADS haben nur vielleicht gelernt, wie sie mit ihrer Neigung, sich ablenken zu lassen, Dinge zu vergessen und unorganisiert zu sein, zurechtkommen. Sie haben Strategien entwickelt, wie sie ihre Vergesslichkeit bewältigen können, indem sie sich zum Beispiel alles aufschreiben und sich Erinnerungszettel an unübersehbaren Orten hinterlegen. Möglicherweise behelfen sie sich auch mit elektronischen Erinnerungen oder anderen Mitteln.

Weitere Tipps

- Versehen Sie alles mit Aufklebern! Stellen Sie mit Ihrem Drucker einfache Bildaufkleber für jüngere Kinder her: Bilder von Socken, Hemden, Puppen oder Bausteinen erinnern Kinder daran, wo diese Sachen hingehören. Fördern Sie die Lesefähigkeit älterer Kinder mit Aufklebern in großen Buchstaben. Bringen Sie die Aufkleber überall an: auf der Außen- und Innenseite von Schubladen, an Regalecken und auf den Schuhboxen aus Plastik, die ins

Regal gehören, auf Kästen, Bücherregalen und Aktenschränken. Das Spiel »Such den richtigen Aufkleber« kann Spaß machen und das Aufheben von Spielzeug folglich auch.

- Bilden Sie eine Aufräumroutine aus, sonst werden Kinder schnell frustriert. Ihr Zimmer sieht sauber aus, aber nach dem Spielen ist es wieder das normale Chaos. Helfen Sie Ihren Kindern aus diesem Kreis auszubrechen, indem Sie eine Aufräumroutine im Familienalltag schaffen. Zum »morgendlichen Aufräumen« gehören das Glätten der Bettdecke, das Aufschütteln des Bettkissens und das Befördern der gestrigen Kleidung in den Wäschesack. Zum »abendlichen Aufräumen« zählt vor dem Fertigmachen fürs Bett das Verstauen der Spielsachen.
- Nehmen Sie den Blickwinkel Ihres Kindes ein. Knien Sie nieder, um zu sehen, wie Sie es beim Ordnunghalten unterstützen können. Betrachten Sie das Zimmer, den Stauraum, die Möbel und seine Sachen aus der Augenhöhe des Kindes. Der Blick wird Sie vermutlich überraschen!

9. Kapitel
Haushaltsführung

Viele Eltern geben zu, dass auch sie Probleme haben, ihren eigenen Alltag zu organisieren. Bevor Sie jedoch erfolgreich Ordnung in das Leben anderer bringen können, müssen Sie erst Ordnung in Ihr eigenes Leben bringen. Dieses Kapitel behandelt kurz die Frage: »Wie halte ich Ordnung?« Dazu gibt es ein paar einfache Regeln.

Beginnen Sie mit: »Alles, was ich herausnehme, stelle ich auch wieder zurück.« Unordnung im Haushalt entsteht größtenteils dadurch, dass man Gegenstände nicht wieder an ihren Platz zurücklegt. Wenn Sie zum Beispiel einen Hammer benutzen, packen Sie ihn sofort nach Gebrauch wieder in den Werkzeugkasten. Stellen Sie sicher, dass jeder Bereich in Ihrem Heim einen Zweck hat, den Sie auch anderen klarmachen. In meinen Organisationsworkshops mache ich mit Müttern für gewöhnlich die folgende Übung: Sie sollen den Zweck eines jeden Raums in ihrem Heim festlegen, indem sie sagen, welche Tätigkeiten dort ausgeführt werden. Kurz gesagt, ich fordere sie auf, jedes Zimmer als Teil eines größeren Ganzen zu betrachten.

Sie können Ihr Haus oder Ihre Wohnung ohne Weiteres sauber halten, wenn die Kinder darauf achten, wozu jeder Raum da ist. Zum Beispiel können Sie damit beginnen, Ihre Post an dem dafür vorgesehenen Ort, nicht an der Tür, am Briefkasten oder irgendwo anders in Ihrem Haus zu öffnen. Bis das richtig klappt, braucht es vielleicht ein bisschen Zeit.

Noch ein paar weitere Grundsätze können nützlich sein. Nehmen Sie so weit wie möglich alles nur einmal zur Hand. Das gilt für Kleidung, Post, Werkzeug usw. Sie sparen sich damit sehr viel Zeit. Denn wenn Sie Sachen mehrmals von einem zu einem anderen Ort legen, bedeutet das im Allgemeinen, Sie haben keinen bestimmten Ort dafür. Ermuntern Sie Ihre Kinder alles wieder an Ort und Stelle zu legen. Heben Sie die Sachen dort auf, wo Sie sie wahrscheinlich benutzen.

Wichtig finde ich auch, einen Plan für Putz- und Säuberungsaktionen aufzuhängen. Klare, präzise und allen bekannte Regeln werden bereitwilliger von allen eingehalten.

Überdenken Sie von Zeit zu Zeit Ihre persönlichen Maßstäbe für Ordnung und Sauberkeit. Neigen Sie zur Unordnung, erhöhen Sie die Maßstäbe. Sind Sie zu pedantisch, setzen Sie sie herab, damit Ihr Zuhause nicht einer keimfreien Krankenstation gleicht.

Ihr Zuhause sollte von Liebe, nicht von harten Regeln bestimmt werden. Dies wirkt sich auch auf die Atmosphäre in Ihrem Haus aus. Wenn Sie Ihr Haus eher mit einem harten Regiment sauber halten, dann hält die Familie Ordnung, weil sie sich vor harschen Rügen fürchtet. Fehler werden nicht geduldet. Eine Menge Regeln und Vorschriften stellen sicher, dass niemand aus der Reihe tanzt und Ihr Zuhause wie geleckt aussieht. Regeln sind hier bloße Einschränkungen. Kurz gesagt, es ist sauber, keimfrei und kalt.

Halten Sie aber Ordnung durch Liebe, dann ist Ihr Zuhause ordentlich, freundlich und einladend. Die meisten Sachen befinden sich an ihrem Ort, nur hier und da liegt etwas herum. Regeln und Vorschriften sind dazu da, Konflikte zu verhindern. Alle haben den Regeln zugestimmt und alle betrachten sie als Schutz für jeden Einzelnen. Fehler werden nicht harsch gerügt, sondern gelten als Gelegenheit, mehr Verantwortungsgefühl zu entwickeln. Man spürt einen starken Gemeinschaftsgeist. Dieses Zuhause ist reinlich und gemütlich, warm und freundlich. Letztlich bestimmt die Atmosphäre in Ihrem Haus auch sein äußeres Erscheinungsbild.

Zu jeder guten Haushaltsführung gehören zwei wesentliche Elemente: Bedarf und Instandhaltung. Alles, was wir tun, fällt in eine der beiden Kategorien. Der Bedarf betrifft Sachen, die den Alltag Ihrer Familie am Laufen halten, zum Beispiel Nahrung, saubere Kleidung, Strom.

Dinge für die Instandhaltung lassen sich dagegen aufschieben. Der Fußboden mag klebrig sein, aber die Familie funktioniert noch. Die Fenster mögen schmutzig sein, aber man kann immer noch hinausschauen. Ich will damit nicht klebrige Böden und schmutzige Fenster empfehlen, aber Sie verstehen hoffentlich, worum es mir geht. Um Bedarfsdinge sollten Sie sich zuerst kümmern. Danach sind Sie frei, sich der Instandhaltung zu widmen.

Der andere wichtige Bereich des Haushalts ist die Essenszubereitung. Diese Arbeit ist vielschichtig. Man muss einkaufen, planen, vorbereiten und kochen. Die dafür aufgewendete Zeit lässt sich aber verringern. Gehen Sie höchstens einmal die Woche in den Supermarkt. Mit etwas Planung ist das sicherlich möglich. Suchen Sie zunächst den Supermarkt auf, in den Sie am häufigsten gehen, und schreiben Sie auf, was sich in welchem Gang befindet. Dann tippen Sie das ab, fotokopieren es und schreiben Ihre Einkaufsliste auf die Kopie. So geht das Einkaufen schneller. Sie können den Zettel in der Küche aufhängen, und wenn Sie merken, dass etwas zur Neige geht, schreiben Sie es einfach auf diesen Zettel. So geht das Einkaufen schneller.

Günstig ist es, einen Essensplan für die ganze Woche zu entwerfen und dann bei einem einzigen Einkaufsgang die dafür benötigten Lebensmittel zu besorgen. Für berufstätige Eltern gibt es viele hervorragende Kochbücher mit einfachen Rezepten, die sich schnell zubereiten lassen.

Nehmen Sie sich jeden Samstag Zeit, um die Mahlzeiten der nächsten Woche zu planen. Ich versuche, den Speiseplan sogar für zwei Wochen festzulegen. Vergessen Sie nicht, dass Ihre Kinder kleine Mahlzeiten zwischendurch und ein Schulbrot brauchen. Wenn Sie kochen, können Sie auch die doppelte Portion zubereiten und die Hälfte einfrieren. Sollte Ihr Gefrierschrank groß genug sein, ist es auch möglich, auf einmal für zwei Wochen oder sogar für einen Monat zu kochen.

Auch der Umgang mit dem Papierkram sollte geplant werden. Ankommende Briefe sollten sofort in verschieden-

farbige Mappen einsortiert oder direkt weggeworfen werden. Ihre Postmappen können Sie wie folgt etikettieren:
- Rot: Bezahlen – In Ihre Finanzmappe gehören alle zu begleichenden Rechnungen. In der Mappe sollte sich ein Kalender befinden, so dass Sie sehen können, wann eine bestimmte Rechnung fällig ist.
- Weiß: Erledigen – Diese Mappe enthält solche Mitteilungen, auf die Sie unmittelbar reagieren müssen.
- Gelb: Aufheben – Diese Mappe enthält Schreiben, auf die Sie eventuell zurückgreifen, die aber nicht abgeheftet werden müssen. Dazu gehören Hochzeitseinladungen, Wegbeschreibungen, Zeiten der Müllanfuhr usw.
- Grün: Abzuheften – Der Inhalt dieser Mappe sollte abgeheftet und im Aktenschrank aufbewahrt werden.
- Blau: Partner – Hierhin gehört die Korrespondenz, die Ihren Partner betrifft. So findet er die ganze Post, die er lesen sollte, an einer Stelle.
- Orange: Lesen – Hier wird jegliche Post gesammelt, für die man sich mehr Zeit lassen muss, zum Beispiel mehr als 10 Minuten.

Neben den bereits erwähnten Terminkalendern kann auch ein Schwarzes Brett oder ein Mitteilungskästchen sehr hilfreich sein für die Familienorganisation. Als Mitteilungskästchen eignet sich zum Beispiel ein Schuhkarton. Ermutigen Sie Ihre Kinder, Notizen, Gedanken, Vorschläge oder Beschwerden in das Kästchen zu legen. Es können auch Zettel mit aufmunternden Bemerkungen für andere Familienmitglieder hineingelegt werden. Kinder und Erwachsene haben hier die Möglichkeit, ihre Ideen für die Familienorganisation einzuwerfen. Diese können dann an einem gemeinsamen Termin besprochen werden.

Weitere Tipps

- Versuchen Sie, das Erscheinungsbild eines jeden Raums in Ihrer Wohnung zu verbessern. Kinder sind in der Regel begeistert, wenn Sie dabei mithelfen und ihre Ideen einbringen dürfen.
- Versuchen Sie, die Abläufe in Ihrem Haushalt zu vereinfachen. Halten Sie sich an die Grundlagen der guten Haushaltsführung. Versuchen Sie stets mehrere Fliegen mit einer Klappe zu schlagen. Zum Beispiel kann man nach einer Entrümpelungsaktion direkt einen Flohmarkt mit den Nachbarn veranstalten.

10. Kapitel
Fragen zu ADS und ADHS

Frage
Mir scheint, ich muss alles tausendmal wiederholen. Wird mein Kind es je begreifen?

Antwort
Es kann frustrierend sein, sich zu wiederholen, aber Sie können lernen, dasselbe auf andere Weise zu sagen. Ich mag es zum Beispiel, vielen meiner ADS-Patienten Anweisungen deutlich zuzuflüstern. Sie horchen dann auf. Nicht sprachliche Zeichen können auch wirkungsvoll sein. Sie können Ihrem Kind einfach auf die Schulter tippen oder auf ein Bildzeichen oder eine Aufgabenliste verweisen. Wenn Sie den Zeitplan der Familie aufgehängt haben, und Ihr Sohn mit seinem kleinen Bruder in der Küche schwätzt, statt am Tisch sitzend seine Hausaufgaben zu machen, können Sie darauf zeigen und so klarmachen, dass jetzt Hausaufgabenzeit ist. Wenn Sie Ihr Kind dazu bringen wollen, sich wieder seiner Aufgabe zuzu-

wenden, dann dürfen Sie sich auf keinen Fall in lange Diskussionen verwickeln lassen. Beide, Sie und Ihr Kind, werden von der Sache abgelenkt, wenn er mault, er habe doch nur mit seinem kleinen Bruder für eine Minute gesprochen und überhaupt. Es spielt keine Rolle, wie die Diskussion endet, denn Ihr Kind hat Sie auf jeden Fall von der eigentlichen Sache abgelenkt. Musik, Singen, Fingerzeige, Listen und andere Gegenstände helfen, uns ohne Worte zu wiederholen.

Frage
Wie kann ich die Aufmerksamkeit meines Kindes bekommen?

Antwort
Achten Sie darauf, dass Sie Augenkontakt mit Ihrem Kind haben und es mit seinen Worten wiederholen kann, was Sie gesagt haben. Geben Sie Ihrem Kind immer nur eine Aufgabe auf einmal. Äußern Sie kurze Ausrufungssätze mit eindeutigen Verben. Beispielsweise: »Stell den Fernseher ab und komm zu mir.«

Frage
Ich habe zur Kenntnis genommen, dass mein Kind einen Taschenkalender benutzen soll, um sich auf den Übergang von einer Situation auf eine andere einzustellen. Aber mir ist nicht ganz klar, wie das praktisch funktioniert.

Antwort
Irgendwann lernt Ihr Kind, derartige Übergänge selbst zu planen. Ich habe zum Beispiel mit einer Familie gearbeitet, die eine Menge Bibliotheksgebühren zahlen musste, bis ich den Kindern gesagt habe, sie sollten, sobald sie von der Bibliothek nach Hause gekommen sind, die ausgeliehenen Bücher in ihrem Kalender vermerken. Die Eltern mussten sie zunächst immer wieder daran erinnern, aber mit der Zeit internalisierten sie den Vorgang. Hilfreich war dafür auch, dass die Kinder selbst für die verbummelten Bibliotheksbücher zahlen mussten.

Frage
Welche Ursache haben die häufigen Wutausbrüche von ADS-Kindern?

Antwort
Wutausbrüche zeigen, dass Ihr Kind eine niedrige Frustrationsschwelle hat und nicht weiß, was Zeit ist. Viele Wutausbrüche sind vermeidbar, wenn Sie Ihr Kind mit der Aussicht auf eine spannende Tätigkeit von seiner aktuellen weglocken. Wählen Sie sinnvolle Ablenkungen. Bieten Sie dem Kind als Alternative etwas an, was es gern tut. Wenn Sie zum Beispiel auf dem Spielplatz sind und Ihr Kind nicht nach Hause möchte, schlagen Sie ihm vor, einen seiner Lieblingsfilme anzuschauen oder etwas auszumalen. Es ist sinnlos mit einem wütenden Kind zu diskutieren, denn in dem Zustand hat es jede Kontrolle verloren und ist Gründen nicht zugänglich. Außerdem hat

ein in sich versunkenes Kind kein Verständnis dafür, dass die Erwachsenen das Essen zubereiten oder ein Geschwisterkind abholen müssen. Gehen Sie stattdessen begeistert auf es zu und sagen: »Lass uns nach Hause gehen und *Die Sendung mit der Maus* anschauen.«

Frage
Es kommt mir vor, als verplane ich den ganzen Tag für mein Kind und als bleibe uns keine Zeit für Spaß und Spontaneität. Sieht ein Leben mit ADS-Kindern so aus?

Antwort
Nein, wir brauchen unseren Kindern nicht die Freuden der Kindheit zu rauben, aber wenn wir nicht den Wechsel von einer Situation zu einer anderen planen oder Zeiten gestalten, in denen unsere Kinder emotional und körperlich überdreht sind, werden wir leicht überrumpelt. Wir sollten immer so planen, dass wir nicht jede Flexibilität unmöglich machen. Wenn Sie den Terminplan Ihres Kindes aufstellen, achten Sie darauf, dass Ihr Kind nicht in zu viel Aktivität erstickt. Tragen Sie die grundlegenden Termine ein, so dass das Blatt nicht überfüllt ist.

Frage
Ab wann sollte ich meinem Kind nicht mehr helfen, am Morgen aus dem Bett zu kommen?

Antwort
Das hängt von Ihrem Kind ab, aber je früher es selbst die Verantwortung für sein Wachwerden übernimmt, desto besser wird es sich fühlen.

Frage
Wie kann ich erkennen, wann mein Kind von einer Situation in eine andere übergeht, und das entsprechend planen?

Antwort
Übergänge zu planen bedeutet einfach, Ihrem Kind beizubringen, wie es Veränderungen vorhersieht. Ihr Kind sollte seinen Terminplan kennen. Legen Sie ihn überall im Haus aus: in der Küche, im Badezimmer und im Kinderzimmer. Sie können ihn auch laminieren und an unauffälligen Orten hinterlegen, etwa unter einem Buch oder im Zeitungsständer. So schützen Sie die Privatsphäre Ihres Kindes. Einige Kinder mögen es ganz und gar nicht, wenn Besucher wissen, was sie als »ihre persönliche Angelegenheit« betrachten. Kleben Sie Bilder aus alten Zeitschriften oder andere allgemeinverständliche Symbole auf, die sich leicht zeichnen lassen, wie Gabel oder Löffel für Essenszeiten und ein Bett für die Schlafenszeit. Kinder haben ein bildhaftes Gedächtnis.

Frage
Warum ist ein Kalender so wichtig, wenn mein Kind doch nicht einmal daraufschaut?

Antwort

Ein einfacher Familienkalender, der an einer auffälligen Stelle hängt, darf in keinem Heim fehlen. Wenn Kinder gespannt auf ein Ereignis warten, haben Sie Gelegenheit zu betonen, dass die Zeit in Sekunden, Minuten, Stunden und Tagen gemessen wird. Sie sollten auf den Kalender verweisen und wichtige Daten eintragen. Unterschätzen Sie nicht die Wirkung eines gut sichtbaren Familienkalenders, denn Ihr Kind wird die Zeit mit etwas Handgreiflichem in Verbindung bringen. Da ein Kind noch keinen Begriff vom gleichförmigen Vergehen der Zeit hat, ist für ihn das Warten so schwer. Mit einem Familienkalender wird das Vergehen der Zeit für Ihr Kind leichter begreifbar.

Frage
Wie kann ich meinem Kind beibringen zu warten?

Antwort
Kinder leben im Hier und Jetzt. Um Ihrem Kind einen Begriff vom Vergehen der Zeit zu vermitteln, geben Sie ihm, während es wartet, etwas zu tun. Wartet es zum Beispiel auf den Besuch bei der Großmutter, lassen Sie es die Tage bis dahin auf dem Kalender ausstreichen und vielleicht eine Bastelarbeit für die Großmutter machen, für die es fünf Tage braucht. Im Auto kann es, bis Sie Ihr Ziel erreicht haben, die Kilometersteine zählen. Bei langen Autofahrten ist es gut, immer eine Tasche mit Spielen dabeizuhaben, um die Kinder zu unterhalten.

Frage

Meine Tochter erledigt alles auf dem Computer. Es wächst ihr über den Kopf und ich weiß mir keinen Rat, wie ich ihr helfen kann. Was sollte ich tun?

Antwort

Richten Sie im Computer einen Ordner für Ihre Tochter ein und innerhalb dieses Ordners können Sie verschiedene Unterordner für die Angelegenheiten Ihrer Tochter erstellen. Genau wie bei der Papierversion können Sie am Ende des Schuljahres und wenn alle Prüfungen abgelegt sind, das meiste löschen oder in den Papierkorb verschieben. Es gibt keinen Grund, alten Unterrichtsstoff aufzubewahren, wenn die Prüfungen schon abgelegt sind. Diese Informationen lassen sich später, so es denn nötig ist, leicht wieder aus dem Internet und aus Büchern beschaffen.

Frage

Meine 15-jährige Tochter weigert sich, meine Hilfe beim Säubern ihrer Schultasche anzunehmen. Was kann ich da tun?

Antwort

Vielleicht fürchtet sie, dass Sie auf sehr private Aufzeichnungen oder schlecht ausgefallene Klassenarbeiten stoßen. Fordern Sie Ihre Tochter auf, zunächst selbst ihre Papiere zu sortieren und alles herauszunehmen, wovon sie nicht möchte, dass Sie es sehen. Wenn sie alles entfernt hat, ist sie vermutlich eher bereit, Ihre Hilfe zu akzeptieren. Sprechen Sie mit ihr auch darüber, auf welche Weisen Sie ihr helfen können, nachdem Sie dieses Buch gelesen haben. Versprechen Sie ihr, sich nicht aufzuregen, wenn Sie mit ihr zusammenarbeiten. Möglicherweise nimmt Ihre Tochter an, dass es darüber doch nur wieder zum Streit kommt. Hilfreich wäre, ihr einen unterzeichneten Vertrag vorzulegen, in dem Sie versichern, nicht wütend zu werden, ganz egal wie die Schultasche aussieht, und in dem Sie sich einverstanden erklären, ihr keinen Vortrag über das richtige Ordnen von Arbeitsblättern und Aufzeichnungen zu halten. Sollte das alles keine Wirkung haben, setzen Sie einen Termin fest, bis zu dem sie ihre Schultasche selber ausgeräumt haben muss.

Frage
Selbst nachdem ich Zeit damit verbracht habe, meiner Tochter beim Ausräumen ihrer Schultasche zu helfen, ist die Tasche am Ende des Schuljahres wieder der reinste Mülleimer. Irgendwelche Vorschläge?

Antwort
Legen Sie einen wöchentlichen Termin fest, zu dem Ihre Tochter zu Hause ihre Schultasche ausräumt. Eine neue Routine muss immer wieder eingeübt und durch Belohnung verstärkt werden.

Frage
Mein Kind kann nicht seine Wäsche fertig machen und gleichzeitig sein Zimmer aufräumen. Sein Bruder, der ebenfalls ADS hat, kann es hingegen. Was raten Sie?

Antwort
ADS beeinträchtigt verschiedene Personen unterschiedlich, auch Geschwister. In den meisten Fällen sollte ein ADS-Kind nur eine Arbeit auf einmal erledigen. Die Wäsche sortieren ist beispielsweise ein Schritt einer Aufgabe. Weisen Sie ihm diese Aufgabe zu, und sobald er sie beendet hat, gehen Sie zur nächsten über.

Frage
Mein ADS-Sohn ist völlig versunken, wenn er mit seinen Legosteinen Roboter baut. Soll er damit aufhören, wird er wütend. Was er mit dem Lego macht, ist wirklich beeindruckend, aber es ist jeden Tag dasselbe: Ist es Zeit aufzuhören, bekommt er einen Wutanfall. Ich fühle mich schuldig, wenn ich ihn dränge, mit etwas aufzuhören, was er liebt, aber die Wutanfälle sind schrecklich.

Antwort
ADS-Kinder neigen auch dazu, sich zu sehr von etwas gefangen nehmen zu lassen. Wir alle haben die Erfahrung schon gemacht, dass wir uns von der Arbeit an einer spannenden Sache mitreißen lassen und darüber völlig die Zeit vergessen. Schriftsteller nennen es einen schöpferischen Schub. Am Anfang könnte eine Küchenuhr helfen,

auf der Sie die Zeit einstellen, die er sich mit seinen Legosteinen beschäftigen darf. Einige ADS-Kinder haben die Tendenz, sich so in die Einzelheiten eines Unterfangens zu verstricken, dass sie das große Ganze aus dem Blick verlieren.

Frage
Wie gehen Sie mit Wutanfällen um?

Antwort
Ein Vorschulkind hat typischerweise einen Wutanfall, weil es frustriert ist. Es hat keinen Begriff von Zeit und Bedürfnisaufschub. Der Anfall ist ein Zeichen für zu starke Gefühle. Wenn Sie etwa mit Ihrem Kind auf den Spielplatz gehen, beachten Sie folgende Schritte:
1. Treffen Sie eine Verabredung mit Ihrem Kind, bevor Sie losgehen. Schauen Sie ihm dabei in die Augen und sagen Sie ihm, was Sie auf dem Spielplatz von ihm erwarten. Zählen Sie kurz auf, was Sie auf dem Spielplatz tun werden. Wenn Sie entsprechende Fotos von der Situation auf dem Spielplatz zur Hand haben, könnte das Ihrem Kind helfen, den Ablauf der Ereignisse auf dem Spielplatz zu verstehen. Sagen Sie ihm, es müsse seine Sandalen anziehen und aus dem Sandkasten kommen (vorausgesetzt der Sandkasten ist der letzte Programmpunkt), wenn es Zeit ist aufzubrechen.
2. Auf dem Spielplatz angekommen, erinnern Sie Ihr Kind an die Abfolge und unterstreichen, dass das An-

ziehen der Sandalen und das Verlassen des Sandkastens das Zeichen zum Aufbruch sind. Haben Sie die Fotos dabei, dann zeigen Sie sie ihm, um den Ablauf des Aufbruchs zu verdeutlichen. Auch das hilft dem Kind, einen Begriff von Zeit zu bekommen.
3. Ist es Zeit, nach Hause zu gehen, kündigen Sie viermal an, dass es gleich nach Hause geht, und geben Sie die damit verbundenen Anweisungen. Tun Sie dies etwa zehn Minuten, fünf Minuten, drei Minuten und eine Minute vorher. Schließlich sagen Sie dem Kind, dass es jetzt Zeit ist, in seine Sandalen zu schlüpfen und die Spielsachen in seinen Beutel zu packen. Es ist immer gut, dem Kind noch einen anderen Auftrag zu geben, etwa die Wickeltasche zu nehmen oder die Spielsachen in die Tasche zu tun. Das lenkt es von dem Gedanken ab, dass es jetzt nach Hause geht. Sie könnten auch ein lustiges »Jetzt-ist-die-Zeit-gekommen«-Lied singen, vor allem wenn Sie das auch zu Hause tun. Einige Eltern haben die Erfahrung gemacht, dass Lieder Kinder auf Trab bringen und sie akzeptieren lassen, dass der Schauplatz sich ändert. Sie werden sehen, dass bei Befolgung dieser Schritte Gefühlsausbrüche seltener auftreten werden.

Frage
Mein Kind liebt die frische Luft und macht seine Hausaufgaben gern vor dem offenen Fenster. Autos, bellende Hunde usw. scheinen es aber leicht abzulenken. Was tun?

Antwort

Sie könnten Ohrstöpsel beschaffen. (Vgl. die Liste der nützlichen Hilfsmittel.) Sie könnten auch CDs mit Geräuschen wie Meereswellen oder Vogelgezwitscher ertönen lassen. Leichte klassische Musik ist ebenfalls gut. Das gleichmäßige Hintergrundgeräusch hilft ihm, den anderen Lärm zu überhören.

Frage

Wie kann ich alle meine Kinder dafür gewinnen, sich in die Erledigung von häuslichen Pflichten einführen zu lassen, da es nicht gerade Spaß macht?

Antwort

Sprechen Sie mit Ihren Kindern darüber, dass sie eine Gemeinschaft sind. Es ist wichtig, dass wir allen Kindern die Gelegenheit geben, sich nützlich zu machen und Teil einer Gemeinschaft zu sein. Kindern ist es ein Grundbedürfnis, sich zugehörig zu fühlen, und sie werden schnell verstehen, was eine Gemeinschaft ist, wenn Sie mit ihnen darüber reden. Geschwister von ADS-Kindern nehmen es oft übel, dass ihre Eltern so wenig oder gar nichts von ihrem Bruder oder ihrer Schwester verlangen. Das ist ein Nährboden für Groll zwischen den Geschwistern, was wiederum zu Geschwisterrivalität und letztlich zu einer Atmosphäre der Missstimmung in Ihrem Heim führt. Wir können uns eine Menge Stress in der Familie sparen, wenn wir die Lasten gleichmäßig verteilen.

Frage

Ich habe selbst ADS und mit der Ordnung so meine Probleme. Wie kann ich da meinen Kindern helfen?

Antwort

Sie haben den großen Vorteil, dass Sie wissen, wie sich Ihre Kinder fühlen. Vielleicht machen Sie die Erfahrung, dass einige Grundsätze, die bei Ihren Kindern funktionieren, auch für Sie gut sind. Vor allem sollten Sie Ihren Terminplan aufhängen, mit Farbcodierungen arbeiten und Termine in Ihrem Taschenkalender hervorheben. Außerdem gibt es viele Hilfsmittel und Internetseiten, die sich an Erwachsene richten. Erwachsene mit ADS erleben im Allgemeinen, dass sie leichter bei der Sache bleiben, wenn sie mit jemand anderem zusammenarbeiten. Vielleicht haben Sie ja Freunde, die Ihnen helfen, beispielsweise die Schränke aufzuräumen.

11. Kapitel
Hilfreiche Tipps

Im Folgenden liste ich Ideen auf, die Eltern mit ADS/ADHS-Kindern geholfen haben. Sie brauchen die ganze Liste nicht auf einmal durchzulesen, aber halten Sie sie bereit. Häufig erreichen Eltern von ADS/ADHS-Kindern einen Punkt, an dem nicht länger zu wirken scheint, was zuvor bei ihren Kindern gute Ergebnisse erzielt hat. Dann ist es Zeit, etwas Neues auszuprobieren. Diese Liste wird sich dann als wertvolle Quelle erweisen.

Anziehen

- Legen Sie zueinanderpassende Kleidungsstücke heraus, so können sich die Kinder selber anziehen.
- Verwenden Sie Beutel – für jedes Familienmitglied einen eigenen –, damit Socken und andere Kleinigkeiten nicht verkramt werden.

Aufgaben

- Führen Sie Ihr Kind freundlich und nicht barsch wieder an eine Aufgabe zurück, wenn es sie liegen gelassen hat. Oft bemerkt es das gar nicht. Es ist nicht widerspenstig, sondern hat sich einfach ablenken lassen. Geben Sie ihm freundlich, ohne groß zu reden, ein Zeichen, indem Sie etwa auf die Arbeit zeigen oder es sanft wieder an seine Aufgabe setzen.
- Belohnen Sie Ihr Kind, wenn es eine Arbeit erledigt hat, ohne dass Sie etwas sagen mussten.
- Geben Sie Ihrem Kind Aufgaben immer in einer ruhigen Umgebung. Sagen Sie nie: »Das habe ich dir doch schon gesagt.« Sehr wahrscheinlich hat das Kind Sie nicht gehört. Wiederholen Sie es einfach noch einmal mit Ihrer ganz normalen Stimme.
- Loben Sie Ihr Kind für seine kleinen Fortschritte. Unterteilen Sie große Aufgaben in kleine und belohnen Sie Ihr Kind für die einzelnen Schritte.
- Schulmeistern Sie Kinder nicht, wenn sie eine Arbeit nicht erledigt haben. Verweisen Sie bloß auf die Übereinkunft, der alle in der Familie zugestimmt haben. Ein unterzeichneter Familienvertrag und/oder eine Familienverfassung helfen Ihnen bei der Umsetzung dieses Ratschlags.

Aufgaben im Haushalt

- Überlassen Sie es Ihrem Kind, ein Sternchen oder Vergleichbares auf seine Aufgabenliste zu kleben, wenn es

eine Arbeit erledigt hat. Ihr Kind wird sich an der wachsenden Menge der Sternchen freuen, zeigen sie doch seine Leistung an.
- Stellen Sie sicher, dass Ihr Kind jeden Tag derselben Aufräumroutine folgt. Es ist zwar richtig, dass viele Kinder ihre Pflichten gerne einmal in anderer Reihenfolge erledigen, aber für den Erfolg von ADS/ADHS-Kindern und -Jugendlichen sind Vorhersagbarkeit und Struktur sinnvoller.
- Treiben Sie Ihr ADS-Kind nicht an, eine Aufgabe in der gleichen Zeit zu beenden wie ein anderes Kind. Lassen Sie ihm Zeit, die Mitteilung zu verarbeiten. Räumen Sie dem Kind für die Erledigung jeder Arbeit immer ein paar Minuten mehr ein. Geben Sie ihm zu verstehen, dass es wichtiger ist, eine Aufgabe gut zu erfüllen, und dass Schnelligkeit nicht so wichtig ist.
- ADS/ADHS-Kinder schätzen zwar Struktur, aber sie haben auch gern die Wahl. Machen Sie aus dem Saubermachen ein Spiel. Erlauben Sie Ihrer Tochter, verschiedene Reinigungsutensilien zu benutzen und die für die Erledigung der Arbeit benötigte Zeit aufzuschreiben. So kann sie von Tag zu Tag gegen sich selbst antreten, was motivieren kann.
- Hängen Sie ein farbiges Schild mit der Aufschrift »Erst denken, dann handeln!« in Ihrem Haus auf. So lernt Ihr Kind besser, seine Impulsivität zu beherrschen. Bevor Ihr Kind eine Aufgabe in Angriff nimmt, sollte es erst nachdenken und dann an die Arbeit gehen.
- Ihr Kind kommt besser mit zugewiesenen Aufgaben zurecht, die nicht lange dauern. Muten Sie ihm nur ein paar

Minuten zu. Wenn es die kürzeren Aufgaben gut erledigt, können Sie größere Aufgaben verteilen.
- Wenn Sie sich wiederholen müssen, tun Sie es auf eine andere Weise. Spielen Sie das Flüsterspiel, indem Sie Ihrem Kind zum Beispiel Aufgaben verständlich zuflüstern. Ihr Kind wird sich auf das Flüstern konzentrieren.

Familienleben

- Ernennen Sie ein Kind eine Woche lang zum Familienorganisator. Dieses Kind kontrolliert dann, ob die ganze Familie sich an die Ordnungsregeln hält. Beispielsweise kann es überprüfen, ob alle ihren Pflichten nachkommen.
- Ermuntern Sie die Kinder, ihr Zimmer und ihren Schreibtisch in Ordnung zu halten, indem Sie hin und wieder spielen, wer findet als Erster das Lesebuch (oder einen anderen Gegenstand) auf seinem Schreibtisch oder in seinem Zimmer. Auf diese Weise lernen Kinder, dass man durch Ordnunghalten Zeit spart.

Freizeit

- Legen Sie einen »Kinderbereich« fest. Richten Sie im Wohnzimmer eine kleine Ecke für Ihre Kinder ein. So können Sie zusammen sein, während die Kinder spielen. Außerdem haben die Kinder so einen festen Ort für ihre Sachen und Sie müssen abends nicht immer alles in die

Kinderzimmer schaffen. Schaffen Sie Platz für Spielsachen. Körbe für das Spielzeug sind in einem Wohnzimmer oder an jedem anderen Ort, an dem sich die Familie gemeinsam aufhält, unerlässlich. Die Kinder haben dann ihre Sachen zur Hand, und sollten Sie Besuch erwarten, kann man alles schnell in den Korb werfen.
- Beschränken Sie die Fernsehzeit. Legen Sie die Zeit für Beginn und Ende fest.

Schule

- Ermuntern Sie Kinder der Sekundarstufe I und II (10- bis 18-Jährige) die verschiedenen Aspekte ihrer Unterrichtsstunden aufzuschreiben, einschließlich der Einführung, des Endes und der Hausaufgaben. Später wird es ihnen helfen zu sehen, wie eine Unterrichtsstunde eingeteilt ist und wie sie ihre Aufmerksamkeit auf die verschiedenen Aspekte der Unterrichtsstunden richten können.
- Fordern Sie Ihre älteren Kinder noch vor Beginn des Schulhalbjahres auf, sich Ziele für das ganze Jahr zu setzen, unter anderem auch zu sagen, welche Noten sie bekommen wollen.
- Überlegen Sie, ob Sie nicht eine Pinnwand in das Zimmer Ihres Kindes hängen. Solche Pinnwände sind perfekt, um alle schulischen Angelegenheiten anzuzeigen.
- Sorgen Sie dafür, dass die Unterrichtsmitschriften immer in Ordnung sind. Helfen Sie Ihrem Kind, den Überblick über die Arbeitsblätter zu behalten, indem Sie diese in ein Ringbuch heften. Auf diese Weise kann sich das Kind

den Stoff der einzelnen Fächer noch mal anschauen und ihn so aufbewahren, dass es sich gut auf Klassenarbeiten und Tests vorbereiten kann.
- Nehmen Sie Trennblätter, um den Stoff für jedes Fach zusammenzuhalten, oder unterscheiden Sie die Schreibblöcke farblich. Legen Sie einen Hefter für noch zu Erledigendes und einen für Erledigtes an. Das ist ein gutes Mittel, um Arbeitsblätter und Unterrichtsnotizen zu ordnen. Außerdem gibt es dann einen zentralen Ort für die fertigen Schularbeiten.
- Leiten Sie eine wöchentliche Säuberungsaktion an. Fordern Sie Ihr Kind auf, seine Büchertasche und Schreibblöcke wöchentlich durchzusehen. Alte Tests und Aufzeichnungen sollten abgeheftet und in einem Aktenschrank zu Hause aufbewahrt werden.
- Kaufen Sie Ihrem Kind einen Ordner für Schularbeiten. Es kann dann die fertigen Aufgaben dort hineinlegen. So kommt es nicht mehr vor, dass es seine Aufgaben im »schwarzen Loch« seiner Schultasche verliert.
- Regen Sie Ihr Kind an, Aufgabenpläne anzulegen, in die es einträgt, was es an welchem Tag für welches Fach zu erledigen hat. Es kann dann für jede erfüllte Aufgabe ein Häkchen setzen.
- Zu den einfachsten Hilfen für vergessliche Kinder zählt ein zweiter Satz von Schulbüchern für zu Hause, dann schwindet das Problem, dass es für seine Hausaufgaben nicht die nötigen Materialien hat.
- Fordern Sie Ihr Kind auf, in der Schule genau hinzuhören. Sagen Sie ihm, es soll sich auf seinem Stuhl nach

vorne lehnen. Das fördert gutes Zuhören und hilft dem Kind, schneller zu verstehen, worum es geht.
- Verwenden Sie leichte, aber robuste Ablageboxen mit Hängeregistratur für alle Schulmaterialien. Die Boxen lassen sich gut stapeln und sind leicht zu handhaben. Ordnen Sie nach Kindern, Fächern oder Jahr. Mit dicken Filzstiften sind die Kisten problemlos zu beschriften.
- Stapelbare Briefablagen erfüllen auf dem Schreibtisch eines Kindes viele Funktionen. Man kann darin Arbeitsblätter, die noch zu überarbeiten sind, Korrespondenz oder Unterrichtspläne aufheben.
- Das Zauberwort ist Farbcodierung. Verwenden Sie Farbe bei Hängeordnern, Aktenordnern, Stiften und Aufschriften.
- Bevor es zur Schule aufbricht, sollte Ihr Kind noch einmal überprüfen, ob es an alles, was es für die Schule braucht, gedacht hat.
- Fragen Sie Ihr Kind, was es einmal werden möchte. Erklären Sie ihm dann, wie die Entwicklung richtiger Gewohnheiten seine zukünftigen Ziele erreichbarer macht. (Erledigt es sorgfältig seine Mathematikaufgaben, dann hilft ihm das einmal Architekt zu werden, wie es sich das wünscht.)
- Achten Sie darauf, dass die Schultasche Ihres Kindes verschiedene Fächer hat. Legen Sie fest, was in welches Fach hineingehört.
- Üben Sie mit Ihrem Kind, dass es mit dem Klingeln am Ende der Schulstunde das unmittelbare Einpacken seiner Sachen verbindet. Legen Sie eine entsprechende Erinnerung in seinen Schreibblock oder auf seinen Schreibtisch.

- Schaffen Sie anerkannte Übungsbücher für Ihr Kind an, damit es in den Schulferien den Stoff vertieft.
- Regen Sie Ihr Kind an, tief zu atmen und erst seine Gedanken zu sammeln, statt sich sofort auf die Beantwortung der Prüfungsfragen zu stürzen.
- Raten Sie Ihrem Kind, sich einen früheren Abgabetermin zu setzen als der vom Lehrer geforderte. So kann es seine Arbeit früher einreichen und wenn nötig Änderungen vornehmen.
- Ermuntern Sie Ihr Kind vor einer Prüfung Entspannungsübungen zu machen: Es sollte tief atmen und sich vorstellen, dass es gut in der Prüfung abschneidet.
- Weisen Sie Ihr Kind an, in seinen Kalender die Studierzeiten einzutragen und sie als Verabredungen zu betrachten, die man einhalten muss.
- Helfen Sie Ihrem Kind dabei, sich seine Aufgaben anzuschauen und die für ihre Erledigung nötige Zeit abzuschätzen.
- Bringen Sie Ihr Kind dazu, in einer aufgeräumten Umgebung zu arbeiten. Ein ordentliches Umfeld hilft ihm klarer zu denken.

Zeiteinteilung

- Vermerken Sie auf dem Familienkalender und im Taschenkalender Ihres Kindes, wann neue Schulmaterialien anzuschaffen sind (wie Stifte, Tinte, Kreide usw.).
- Jedes Kind sollte abwechselnd eine Woche die Verantwortung für die Zeiteinteilung und die Aktivitäten der

Familie übernehmen. Zu seinen Aufgaben gehört es, Eintragungen im Familienkalender vorzunehmen und die Familienmitglieder an ihre Termine zu erinnern. Am besten lernen wir durch Tun. Ihrem Kind die Verantwortung dafür zu übertragen, dass es seine Zeiten und die der Familie überwacht, wirkt Wunder für seine Selbstachtung.

- Hängen Sie Kalender in den Kinderzimmern auf, vor allem in denen von Grundschulkindern, die noch kaum einen Begriff von Zeit haben. Sie können die Tage durchstreichen, die bis zu einem besonderen Ereignis vergehen müssen. Eine Möglichkeit ist, sie selbst jeden Monat einen Kalender machen zu lassen. Auf Internetseiten bekommen Sie die entsprechenden Vorlagen, falls Sie nicht selbst welche erstellen wollen.
- Bestehen Sie darauf, dass Ihr Kind einen Zeitplan hat, den es an Sie weitergibt, damit es Ihnen gegenüber für dessen Einhaltung verantwortlich ist. Stellen Sie sicher, dass er auch in den Taschen- oder elektronischen Kalender Ihres Kindes eingetragen ist.
- Schaubilder aller Art helfen ADS-Kindern sich etwas einzuprägen. Vgl. die Liste der nützlichen Hilfsmittel.
- Nehmen Sie eine Küchenuhr und stellen Sie die Zeit ein, die Ihr Kind in seiner Studierzeit auf eine Aufgabe verwenden soll. Gestatten Sie den Kindern, die Arbeit in kleinen Intervallen zu erledigen, zwischendurch dürfen sie Pausen machen. Auf diese Weise werden sie angeregt, bei der Sache zu bleiben, da sie das Ende der Arbeit absehen.
- Fügen Sie in den Zeitplan Ihres Kindes auch Zeit fürs Planen ein. Nach Beendigung der Schulaufgaben zum

Beispiel bedarf es einer Planungszeit, um alle Materialien für den nächsten Schultag bereitzulegen.
- Fordern Sie Ihr Kind auf, mit der Tagträumerei dadurch aufzuhören, dass es jedes Mal, wenn es sich bei Träumereien ertappt, einen Punkt auf ein Blatt Papier macht. Nach einer Weile wird es imstande sein, sich das Ziel zu setzen, weniger Punkte machen zu müssen. Belohnen Sie das Kind, wenn Sie weniger Punkte sehen.
- Reservieren Sie im Tagesprogramm Ihres Kindes auch eine Zeit fürs Träumen. So kann es sich anschließend wieder auf seine Aufgaben konzentrieren.
- Nutzen Sie jede sich bietende Gelegenheit, um mit Ihrem Kind das richtige Einschätzen von Zeit zu üben. So wächst das Zeitbewusstsein Ihres Kindes. Fordern Sie etwa Ihr Kind auf, zu schätzen, wie lange es braucht, um zur Bank oder zum Briefkasten zu gehen (ohne zu rennen).
- Überprüfen Sie die schulischen Termine, vor allem die auf dem Monatskalender. ADS-Schüler neigen dazu, falsche Daten einzutragen.
- Gehen Sie täglich den Zeitplan durch und weisen Sie auf anstehende Veränderungen im täglichen oder wöchentlichen Zeitplan bzw. in den Routinen hin.
- Ermuntern Sie Ihr Kind sich selbst gegenüber ehrlich zu sein, wenn es seine Zeit nicht gut eingeteilt hat. Auch Sie müssen da unvoreingenommen sein.
- Heften Sie Internetadressen, über die Schüler Rat suchen können, wenn sie etwas nicht verstanden haben, ans Schwarze Brett der Familie. Hier sind einige hilfreiche Adressen:

http://www.zum.de
http://www.dbs.schule.de
http://www.cheat.net
http://www.dino-online.de/bildung.html
http://www.learn-line.nrw.de
http://www.san-ev.de

Ziele

- Sprechen Sie mit Ihrem Kind über ein Ziel. Nehmen Sie eines, das Spaß macht, beispielsweise zu lernen, auf einem Skateboard zu fahren. Lassen Sie Ihr Kind dann aufschreiben, was es alles tun muss, um das Ziel zu erreichen. Ermuntern Sie Ihr Kind danach, sich selbst bis Ende eines Jahres schulische Ziele zu setzen, die dem gleichen Muster folgen wie oben.
- Schreiben Sie in ein besonderes Buch alle Ziele auf, die entweder die Schule oder die Familie betreffen. Kommen Sie monatlich oder vierteljährlich darauf zu sprechen. So sind Schulkinder motiviert, sich anzustrengen und Rechenschaft abzulegen, da ja die ganze Familie von den selbstgesteckten Zielen weiß.
- Sagen Sie Ihrem Kind, es solle stets positiv über sich sprechen. Streichen Sie die Wörter »Ich kann nicht« aus seinem Wortschatz.

Nützliche Hilfsmittel

Ausrüstung

Wecker

Es ist gibt sehr laute, fliegende, schwingende und sich bewegende Wecker. Suchen Sie danach im Internet. Ein lauter oder sich bewegender Wecker wird selbst den tiefsten Schläfer aufspringen lassen. Selbstverständlich ist es vor allem wichtig, dass die Kinder früh ins Bett gehen, aber dennoch ist ein ausgefallener, origineller Wecker sehr hilfreich.

Sperrvorrichtungen für Computerspiele und Fernsehen

Mit diesen Vorrichtungen lässt sich der Fernseh- und Spielkonsum Ihres Kindes begrenzen. Für welchen Zeitraum Sie Fernseher und Computer freigeben, können Sie abhängig machen davon, ob Ihr Kind seine Schularbeiten erledigt und seine Studierzeit genutzt hat.

Ohrstöpsel

Ohrstöpsel erleichtern es Ihrem Kind, sich auch in einer lauten Umgebung auf seine Schulaufgaben und andere Arbeiten zu konzentrieren. Es gibt auch solche, die mit einem Band verbunden sind, damit Ihr Kind sie nicht immer verliert.

Elektronische Wörterbücher

Sie helfen Kindern sofort, Rechtschreibfehler zu korrigieren und Wörter nachzuschlagen. Hilfreich ist das vor allem bei den Hausaufgaben. Wenn sie Wörter mühsam in einem

Buch suchen müssen, werden sie leicht von der Hauptsache abgelenkt.

Elektronische Kalender und Terminplaner

Ihr Kind sollte immer einen herkömmlichen Taschenkalender benutzen und einen digitalen höchstens zusätzlich zur Sicherheit. ADHS-Kinder benötigen visuelle Erinnerungen, genau das, was ein Papierkalender ermöglicht, insbesondere dann, wenn Sie die Termine farblich hervorheben.

Analoge Uhren

Ihr Kind muss sehen können, wie die Zeit vergeht. Bei tickenden Uhren ist das Vergehen der Zeit auch akustisch wahrnehmbar. Außerdem sollten die Uhren ansprechend gestaltet sein. Auf dem Markt finden sich viele kinderfreundliche Uhren, zum Beispiel sind für jüngere Kinder beleuchtete Uhren schön. Vergewissern Sie sich, dass sie zuverlässig und langlebig sind. Hier zu sparen wäre falsch.

Klassische Barockmusik

Es ist erwiesen, dass klassische Barockmusik der Konzentration nützt. Sie können die CDs überall erwerben oder auch aus der Stadtbibliothek ausleihen.

Schulmaterialien, auch für zu Hause

- Schwarze Markierstifte
- Markierstifte in verschiedenen Farben – vor allem in Gelb
- Kleine Taschen mit Reißverschluss und Brotpapiertüten in allen Größen

- Geodreieck
- Zirkel
- Lineale
- Kleber und Klebstifte
- Sprühkleber
- Breiter und schmaler Tesafilm
- Klebeband
- Klebesticker
- Reißzwecken
- Heftklammern in verschiedenen Größen
- Klemmleisten
- Große und kleine Karteikarten in verschiedenen Farben
- Gelochtes liniertes Papier
- Millimeterpapier und entsprechende Blöcke
- Gelochte Schreibblöcke
- Karton, weiß und farbig
- Bleistifte und Buntstifte – B2
- Radiergummis – weich
- Füllfederhalter mit roter, blauer und schwarzer Tinte
- Filzstifte – breite und feine Spitzen
- Computerpapier – weiß und farbig
- Stickerbildchen
- Etiketten
- Alte Zeitschriften für Hausarbeiten
- Bleistiftmäppchen
- Trennblätter für Ringbücher
- Aktenordner in verschiedenen Größen
- Klarsichthüllen
- Globus
- Wandkarte

- Atlas
- Eine zweite Schultasche
- Lexikon
- Wörterbuch – auch elektronisch
- Synonymwörterbuch
- Taschenrechner
- Weißes Zeichenpapier

ADS/ADHS-Organisationen

Im Folgenden einige Organisationen, bei denen Sie Hilfe und Ratschläge suchen können:
ADHS Deutschland e. V. – Selbsthilfe für Menschen mit ADHS
ADS e. V.
Juvemus – Verein zur Förderung von Kindern und Erwachsenen mit Teilleistungsschwächen

Bibliografie

Carter, Cheryl R.: *Clean Your Room So I Can at Least See the Floor*. Long Island, NY 2009.
Döpfner, Manfred et al.: *Wackelpeter und Trotzkopf, Hilfen für Eltern bei ADHS-Symptomen, hyperkinetischem und oppositionellem Verhalten*. Beltz, Weinheim, 2011.
Krowatschek, Dieter: *Alles über ADS. So fördern Sie Ihr Kind*, Patmos, Ostfildern 2009.

Spallek, Roswitha: *Große Hilfe für kleine Chaoten. Ein ADS-Ratgeber*, Patmos, Ostfildern 2008.

Taylor, Blake E. S.: *ADHD and Me: What I Learned from Lighting Fires at the Dinner Table*. Oakland, CA 2008.

Was kann Ihr Kind im Haushalt tun

Aufgaben für verschiedene Altersstufen

2- bis 6-Jährige
Spielsachen aufheben
Besteck sortieren
Ihre Wäsche in gekennzeichnete Kommodenschubladen legen
Beim Wäschesortieren helfen
Esstisch abwischen
Niedrige Regalbretter abwischen
Ihr Bettzeug abziehen
Beim Einräumen der Spülmaschine helfen
Tisch decken
Unkraut ausziehen
Blumen gießen
Täglich desinfizierende Wischtücher im Bad benutzen
Mülleimer leeren
Handstaubsauger benutzen
Vater und Mutter helfen

7- bis 12-Jährige
Die obige Liste und dann noch:
Geschirr spülen und abtrocknen
Blätter im Garten zusammenrechen
Beim Schneeräumen helfen
Spülmaschine ausräumen
Boden wischen
Boden saugen

Einfache Mahlzeiten zubereiten
Arbeitsflächen in der Küche wischen
Kacheln im Bad abwischen
Gartenmöbel reinigen
Beim Kochen helfen
Ihr Bett machen
Ihr Zimmer säubern
Ihre Spielsachen ordentlich verstauen
Telefongespräche entgegennehmen
Beim Rasenmähen helfen
Staubwischen
Einkaufsliste schreiben
Einkäufe auspacken und wegräumen
Blumen im Garten pflanzen
Schulbrot schmieren
Das Auto waschen
Beim Versorgen der Haustiere helfen
Post sortieren
CDs und Videos der Familie ordnen
Fensterbänke putzen
Rasen sprengen
Müll hinaustragen

13- bis 18-Jährige
Die obige Liste und dann noch:
Familienmahlzeiten zubereiten
Lebensmittel einkaufen
Das Badezimmer putzen
Hecken schneiden
Rasen mähen

Jüngere Geschwister versorgen
Geschwistern bei den Schulaufgaben helfen
Haustiere versorgen
Die Akten der Familie ordnen
Bücher der Familie ordnen
Den Kühlschrank auswischen
Ihre Wäsche selbst waschen
Jüngere Kinder in Haushaltsarbeiten einführen
Möbel polieren
Die Ausgaben der Familie mit planen
Besorgungen für die Familie machen

Beispiele für To-do-Listen

Liste für den Morgen
Aufwachen
Wecker ausstellen
Waschen
Anziehen
Bett machen
Frühstück
Zähne putzen

Liste für den Abend
Das Kinderzimmer aufräumen
Schlafanzug anziehen
Waschen
Zähne putzen
Lesen im Bett

Liste für die Schule
Am Vorabend
Stundenplan anschauen
Schulbücher einpacken und an die Tür stellen

Am nächsten Morgen
Die Schultasche noch einmal kontrollieren
Schulbrot einstecken
Mantel oder Jacke anziehen

Familienliste – weil es Spaß macht
Habe ich heute jeden umarmt?
Habe ich heute etwas Aufmunterndes gesagt?
Habe ich heute jemandem geholfen, ohne darum gebeten worden zu sein?
Habe ich mich heute zu beherrschen versucht?
Habe ich heute, ohne mich zu zanken, gespielt?
Habe ich Mama und Papa heute geholfen?
Habe ich heute meine Aufgaben erfüllt?
Habe ich heute meine Schulaufgaben ordentlich gemacht?

Liste für das Aufräumen des Zimmers
Alle Spielsachen aufheben und wegräumen
Alle Papiere aufheben und wegräumen
Alle Kleidungsstücke aufheben und wegräumen
Alles aufheben, was nicht in das Zimmer gehört
Den Boden kehren oder saugen

Über die Autorin

Cheryl R. Carter hat *Organized Kidz* gegründet, eine Organisation, die Kindern mit besonderem Förderbedarf hilft, Struktur in Leben und Lernen zu bringen. Sie ist eine ehemalige Sonderschulpädagogin, berät Menschen in Fragen der Organisation und Zeiteinteilung und schreibt pädagogische Ratgeber. Mehr als 15 Jahre hat sie mit Familien zusammengearbeitet. Daneben ist sie eine vielbeschäftigte Ehefrau und Mutter, die gern ihren Kindern beim Fußballspielen zuschaut, ihren Ehemann im Scrabble schlägt und sich an Gott im Alltag erfreut. Sie ist Expertin bei LearningDisorders.com und begeisterte Bloggerin.

Muster für eine tägliche To-do-Liste

A: Sehr wichtig! Muss gemacht werden.
B: Sollte gemacht werden
C: Kann gemacht werden

A, B oder C	Zeit	Aktivität	Benötigte Zeit
A	16:00	Mathe-Hausaufgaben machen	45 min

Muster für einen Studierplan

Projekt: Referat erarbeiten über Willy Brandt

Zeit für die Vorbereitung	Quellen	Benötigte Zeit	Sonstiges
Montag 15:15 Uhr	Bücher aus der Bibliothek, Internetseiten	2 Stunden	Vater fragen, ob er alte Zeitungen hat